하우 투   제 텔 카 스 텐

HOW TO
ZETTEL-KASTEN

하우 투 제텔카스텐

초판 발행　2021년 12월 15일
3 쇄 발행　2023년 10월 31일

지 은 이　제레미 강
펴 낸 이　이송준
펴 낸 곳　인간희극
등　　록　2005년 1월 11일 제319-2005-2호
주　　소　서울특별시 동작구 사당동 1028-22
전　　화　02-599-0229
팩　　스　0505-599-0230
이 메 일　humancomedy@paran.com

ISBN 978-89-93784-72-5 13000

HOW TO
ZETTEL-KASTEN

하우 투 · 제텔카스텐 = 메모 + 상자 · 제레미 강 지음

옵시디언 기반 두 번째 뇌 만들기

인간희극

이 책의 베타테스트에 참여한 분들

박나해　31세　여　회사원

세컨드 브레인의 필요성과 제텔카스텐에 대한 관심이 국내에서 커지고 있지만 어떻게 나의 업무와 관심사에 적용해야 할지 막막한 사람이 다수일 겁니다. 파편화된 일반적인 툴 사용법에 그치지 않고 전체 시스템을 짜임새 있게 구축하도록 초보자에게 길을 열어주는 명강의!

오광배　26세　남　대학생

글쓰기에 대해 공부를 하다 우연히 제텔카스텐에 대해 알게 되었습니다. 제텔카스텐은 주제를 정해 놓고 쓴다는 발상에서 벗어나는 것이 매력적이었습니다. 하지만 제텔카스텐에 대해서 정보를 얻을 수 있는 곳은 항상 부족했었습니다. 할 줄 아는 외국어도 없는데 자료가 외국어로 되어 있는 것을 보면 답답했었습니다. 이 책이 출판되어 더 수월하게 공부를 할 수 있게 해준 작가님께 감사드립니다.

서호성 31세 남 공무원

제텔카스텐은 사고와 글쓰기를 보다 효율적으로 수행하기 위한 방법입니다. 서로 다른 생각과 지식 사이의 점을 연결하도록 권장합니다. 아이디어 간 연결을 통해 새로운 아이디어를 창출할 수 있습니다. 이 책은 아이디어를 쪼개서 관리하는 방법, 다른 아이디어와 연계하는 방법에 대해 실용적인 가이드를 제공합니다.

안성진 51세 남 자영업

인문학 또는 관심분야의 책을 읽고 다큐멘터리를 보며 공부하는 게 어른들의 유희라고 생각합니다. 제텔카스텐 온라인, 오프라인 수업은 그 지식들을 탄탄하게 소화하게 방법론을 알려주었습니다.

최원석 52세 남 IT컨설팅

각종 노트 어플들을 사용하며 느낀 불편함, 예를 들어 메모별로 공유되는 내용 또는 중복되는 내용을 일일이 따로 써야 하는 번거로움을 해결해 줄 수 있는 일명 '네트워크 메모'라는 개념을 받아들일 수 있어서 너무 좋았습니다.

차 례

LESSON 1

제텔카스텐으로 가는 첫걸음

LESSON 2

제텔카스텐을 위한 도구들

LESSON 3

옵시디언 사용법

LESSON 4

제텔카스텐 시스템 구축하기

LESSON 5

메타데이터와 제텔카스텐 실행

LESSON 6

인생을 바꾸는 1,000개의 메모

읽기 전에 알아두면 좋은 개념들

하이퍼텍스트

특정한 순서나 규칙에 따라 정보를 나열하는 것이 아니라 비순차적, 유기적, 비선형적인 방식으로 한 개의 텍스트를 다른 텍스트와 연결하면서 새로운 정보를 얻는 것을 의미합니다. 인터넷 검색을 할 때, 하나의 페이지에서 클릭을 통해 다른 여러 페이지들로 이동할 수 있는 것을 떠올리면 하이퍼텍스트 개념을 가장 쉽게 이해할 수 있습니다.

백링크 [[ ]]

일반적인 링크는 어떤 사용자를 단순히 하나의 정보에서 다른 정보로 이동시키는 역할을 하지만 백링크, 즉 역링크는 어디로부터 그 링크가 유입되는지까지 알려줌으로써 정보를 서로 연결시키는 역할을 합니다. 옵시디언에서 메모를 작성할 때 백링크 기호 [[ ]]를 사용하면 두 메모 사이에 연결고리가 만들어지는 셈입니다.

마크다운 M↓

일종의 컴퓨터 언어입니다. 그 이름처럼 마크업이라는 언어를 좀 더 간단하게 사용할 수 있도록 만든 경량화 언어로, 옵시디언과 같은 메모 앱을 사용할 때 마크다운 문법을 활용하면 제목, 밑줄, 표, 인용구 등등 여러 가지 양식과 서식을 만들 수 있습니다.

메타데이터

특정한 목적을 가지고 기록을 생산하고 관리하는 데 유용한 구조화된 데이터입니다. 메타데이터를 활용하면 메모를 종류별로 체계적이고 조직적으로 관리할 수 있습니다.

aliases

별명, 또는 별칭이라는 뜻으로, 서로 표기는 다르지만 동일한 개념을 가진 키워드들(예를 들어 '사람'과 '인간')을 찾아주는 기능입니다. 옵시디언에서만 제공하는 이 기능을 활용하면 메모들을 좀 더 촘촘하게 연결시킬 수 있습니다.

시작하며

어릴 때 세상의 이치와 진리를 모두 알고 있는 만물박사가 되고 싶었던 적이 있습니다. 그러나 시간이 지날수록 세상에는 너무 많은 지식이 있다는 것을 깨달았고 만물박사가 되겠다는 꿈은 점점 희미해졌습니다.

그러다가 제텔카스텐을 알게 된 지금은 혹시 진짜 만물박사가 될 수 있지 않을까, 다시 꿈꿀 수 있게 되었습니다. 독일의 사회학자 니클라스 루만에게 '다작의 화신'이라고 불릴 만큼 엄청난 지식 생산성을 선사한 제텔카스텐, 즉 메모 상자는 꾸준히 모은 단편적인 지식들을 새롭고 통합된 지식으로 전환시켜 주는 아주 매력적인 시스템입니다. 기본적으로 짧은 글을 끄적이는 행위로부터 시작되기 때문에 누구나 쉽게 따라할 수 있고 바쁜 일상을 사는 직장인들이나 학생들도 틈틈이 시도해 볼 수 있는 시스템이기도 합니다. 더구나 우리가 살고 있는 디지털 세상은 니클라스 루만의 시대에 비할 수 없는 만큼 편하게 글을 쓰고 관리할 수 있는 조건들이 갖춰져 있으므로 더 이상 망설일 필요도 없습니다.

이 책은 제텔카스텐을 디지털상에 구현할 수 있는 여러 메모 앱들 중에서 접근성이 가장 좋은 옵시디언을 기반으로 하루에 2~3개의 메모를 써서, 1년 안에 1,000개의 메모를 모을 수 있도록 안내하고 있습니다. 니클라스 루만은 9만여 개의 메모를 바탕으로 60여 권의 책과 300여 편의 논문을 발표했습니다. 그것도 모두 사회학 역사에 길이 남을 명작들이었습니다. 여러분도 일단 메모 1,000개를 목표로 시작해 보시기 바랍니다. 1,000개의 메모가 쌓이면 여러분의 메모 상자는 어느새 아이디어와 영감이 샘솟는 생성기이자, 분야를 뛰어넘어 다양한 지식들을 융합하는 시스템이 되어 줄 겁니다.

책을 자주 읽기는 하는데 돌아서면 그 내용이 전혀 기억나지 않나요? 글을 쓰고 싶은데 글감이나 영감이 없어서 좌절하고 있나요? 논문을 쓰는 과정에서 인용구나 데이터 관리 때문에 골머리를 앓고 있나요? 회사 업무 관련 정보들이 너무 산만하고 비효율적으로 흩어져 있어서 다 때려치우고 싶은 충동을 느낀 적이 있나요?

일단 생각을 정리하는 메모를 쓰기 시작해 보세요. 이미 쓰고 있었다면 제텔카스텐으로 체계적으로 관리해 보세요. 여러분들의 인생이 어떻게 바뀔지 벌써부터 기대됩니다. 1,000개의 메모를 향하여!

2021년 12월
제레미 강

정의

장점

메모의 종류

원칙

두 번째 뇌

제텔카스텐으로 가는 첫걸음

1-1

제텔카스텐이란?

제텔카스텐(Zettelkasten)은 독일어로 'Zettel(메모)'과 'Kasten(상자)'을 합친 용어입니다. 영어로는 'Slipbox'라고 하며 한국어로 번역하자면 '메모 상자'가 됩니다. '제텔'은 주로 A6 크기의 인덱스 노트를 가리키는데 우리가 공부할 때 주요 개념을 기록하거나 단어장으로 사용하는 손바닥만한 크기의 카드 종이를 떠올리면 됩니다. 그리고 이 인덱스 노트를 보관하는 상자가 '카스텐'입니다. 인덱스 노트를 보관하는 상자는 책상 위에 올려 놓고 사용할 수 있는 작은 사이즈도 있고, 학교나 도서관의 복도에 비치된 큰 사이즈도 있습니다.

컴퓨터가 대중화되기 전에는 대표적으로 도서관이나 병원에서 이런 메모 상자를 활용했습니다. 도서관에서는 책 제목과 출간일 등의 정보가 담긴 색인 카드를 저자명 순으로 보관해 두어 책을 열람할 때 활용했고, 병원에서는 환자의 이름에 따라 정리된 색인 카드로 환자의 방문일자, 치료 현황 등을 기록했습니다. 하지만 컴퓨터의 발전으로 기록이 전산화된 오늘날에는 아날로그 방식의 메모 상자는 더 이상 필요하지 않게 되었고 메모 상자는 역사의 뒤안길로 사라지는 듯했습니다.

그런데 최근 독일의 사회학자 니클라스 루만 교수의 메모법이 새롭게 주목을 받게 되면서 이 오래된 메모 상자에 관심을 가지는 사람들이 점점 늘어나고 있습니다. 평소 메모광이라고 불렸던 루만 교수는 평생에 걸쳐 약 9만여 개의 메모를 남겼는데, 이를 단순히 계산해 보면 하루에 약 6개 정도의 메모를 쓴 셈입니다. 사회 체계이론을 연구한 30년 동안 연구비를 0원 지출한 것으로 알려져 있는 루만에게 아쉬운 것은 오직 시간의 부족뿐이었습니다. 그 시간 부족 속에서도 60여 권의 책을 저술하고 300여 편의 논문을 발표할 수 있었던 건 오로지 메모 상자의 힘이었습니다. 더욱 놀라운 사실은 루만 교수가 조교나 공저자 등의 도움 없이 혼자서 이 모든 업적을 이루었다는 것입니다. 루만 교수의 연구는 언제나 메모에서 시작해서 메모로 마무리되었습니다. 메모 상자를 활용한 그의 연구 방법을 살펴보면 다음과 같은 2가지 특징이 있습니다.

자신만의 지식체계를 구축

루만 교수는 메모를 활용하여 자신만의 지식체계를 구축하였습니다. 텍스트 읽기 → 내용을 요약하고 메모에 기록 → 메모와 메모를 연결하여 새로운 생각으로 발전시키기라는 자신만의 시스템을 구축한 그는 이 시스템을 통해 동일한 주제나 연관성이 있는 메모들을 서로 연결하여 계속 생각을 발전시켰습니다. 그리고 그 발전된 생각이 또 다른 생각들과 연결되어 더 발전된 지식을 만드는 과정이 거듭되어 루만 교수가 자신의 생각을 정립하고 이론을 만드는 토대가 되었습니다. 루만 교수가 만든 시스템은 오늘날의 하이퍼텍스트(hypertext)와 유사한 방식입니다. 기존의 메모와 신규 메모를 연결하는 이런 하이퍼텍스트 환경을 구축하여 지식을 관리한 루만은 결국 사회체계이론과 소통이론 등을 정립하였고 현대의 사회학에 큰 영향을 끼치게 됩니다. 악마에게 영혼을 판 것이 아니냐는 이야기를 들을 정도로 다작했던 루만의 연구 실적을 보면 그의 아날로그 시스템이 오늘날의 디지털 시스템 못지않게 정교했음을 가늠해 볼 수 있습니다.

통찰력

루만 교수가 제텔카스텐 방식으로 메모를 하면서 얻은 가장 큰 수확은 통찰력입니다. 그동안 단편적으로 알고 있었던 지식을 다른 지식과 결합하면서 사물의 본질을 꿰뚫어 보는 통찰력을 얻게 된 것입니다. 그리고 그런 통찰력으로 특정한 문제를 분석하고, 문제의 원인을 찾아내고, 해결점을 제시할 수 있었습니다. 루만 교수의 제텔카스텐 시스템을 연구한 숀케 아렌스는 그의 저서 『글 쓰는 인간을 위한 두 번째 뇌, 제텔카스텐』에서 메모 상자와 통찰력의 관계를 다음과 같이 설명했습니다. 메모 상자는 단순한 메모 모음이 아니다. 메모 상자를 활용한 작업은 특정한 메모를 찾아낸다기보다는 관련 있는 사실들을 안내받는 것에 가깝다. 여러 아이디어들을 어우러지게 만듦으로써 통찰을 생성하는 것이다 (p89). 루만 교수는 통찰력이 머리 속에 샘솟듯 떠오르는 천재는 아니었습니다. 그는 메모 상자에 있는 메모를 살펴보고, 메모의 안내를 받아서 통찰력을 얻었습니다. 즉 그의 메모 상자가 통찰력을 만들어 내는 샘물이었고 그곳에서 얻어낸 통찰력으로 결국 자신만의 이론을 만들고 정립할 수 있었던 것입니다.

1-1-1

메모의 종류

당신도 루만 교수처럼 메모를 하고 싶으신가요? 자신만의 지식체계를 구축하고 통찰력을 얻고 싶지 않으신가요? 만약 그렇다면 당신은 다음 3가지 메모 형식을 기억해야 합니다.

숀케 아렌스에 따르면, 제텔카스텐에는 임시 메모 (fleeting notes), 문헌 메모(Literature notes), 영구보관용 메모 (Permanent notes), 이렇게 3가지 종류의 메모 방법이 있습니다.

임시 메모는 단순히 떠오른 생각을 기록한 것입니다. 갑자기 떠오른 생각을 그 즉시 종이에 직접 쓰거나 스마트폰 메모 앱에 기록합니다. 그리고 하루나 이틀 사이에 임시 메모의 가치를 평가하여 임시 메모를 보관할 것인지 버릴 것인지 결정합니다. 문헌 메모는 책의 중요한 내용이나 개념 등을 기록하는 것입니다. 이때 텍스트의 원본과 요약, 그리고 서지정보를 기록해야 합니다. 영구 보관용 메모는 임시 메모와 문헌 메모를 바탕으로 자신의 생각을 기록하는 것으로, 제텔카스텐 시스템에서 가장 핵심이 되는 메모입니다. 이 세 가지 메모를 활용한다면, 루만 교수처럼 메모 상자를 사용할 수 있습니다.

니클라스 루만 교수가 직접 작성한 메모의 예시를 확인하고 싶다면, 빌레펠트 대학 웹사이트를 한번 방문해 보시기 바랍니다. 빌레펠트 대학은 그가 사용했던 메모 상자와 그의 유산을 아카이브 홈페이지를 통해 일부 공개하였습니다. 물론 독일어로 쓰여져 전공자가 아니면 그 내용을 파악하기 힘들겠지만, 어떤 방식으로 메모를 했는지는 살펴볼 수 있습니다.

https://niklas-luhmann-archiv.de/

독일 빌레펠트 대학교에 보관 중인 니클라스 루만의 제텔카스텐

1-1-2

새롭게 각광받는 제텔카스텐

　　　　루만 교수는 제텔카스텐이라는 자신만의 메모 방법으로 사회학 이론을 정립하고 사회체계이론을 주창했습니다. 그런데 최고의 연구실적을 만들어 내고 극강의 지적 생산성을 선사했던 루만 교수의 제텔카스텐은 동료 교수와 제자들에게는 그림의 떡이었습니다. 제텔카스텐의 원리를 제대로 이해하지 못했기 때문입니다. 이후 루만 박사가 남긴 9만여 개의 메모에 대한 분석과 연구가 지속되었고, 특히 2017년 독일 뒤스부르크-에센대학교의 교수 숀케 아렌스가 『글 쓰는 인간을 위한 두 번째 뇌, 제텔카스텐』이란 책을 통해 제텔카스텐 원리와 활용법을 쉽게 풀어내면서 제텔카스텐에 대한 대중의 관심이 높아지게 되었습니다.

　　　　쏟아지는 정보의 홍수 속에서 개인적인 지식 아카이브 구축이라는 열망과 맞물려 제텔카스텐에 대한 대중의 관심은 점점 더 치솟았지만, 제텔카스텐을 구현할 수 있는 시스템이나 프로그램은 여전히 제한적이었습니다. 기존의 제텔카스텐 사용자들은 DEVONthink, The Archive 등의 프로그램으로 제텔카스텐 시스템을 구축했었는데 메모의 연결과 활용이 복잡하다는 한계점이 있었습니다. 그러다가 최근 제텔카스텐에 최적화된 옵시디언과 롬리서치 같은 네트워크형 메모 앱들이 출시되면서 개념적으로만 제텔카스텐을 이해하는 것이 아니라 실제로 자신의 실생활에 제텔카스텐을 응용하는 사람들이 폭발적으로 증가하게 됩니다. 백링크 기능으로 메모들 사이에 연결고리를 만들어 주는 네트워크형 메모 앱은 기존 메모 앱들의 제한적인 비선형 구조를 훨씬 자유롭게 하면서 제텔카스텐 시스템을 충실히 구현할 수 있도록 도왔기에 사용자들은 열광할 수밖에 없었습니다.

또한 제텔카스텐 사용자들은 커뮤니티와 SNS에서 네트워크형 메모 앱의 활용 노하우를 적극적으로 공유하기 시작했습니다. 기존 사용자들이 커뮤니티에 템플릿을 공유하여 초보자들이 제텔카스텐에 쉽게 접근할 수 있도록 이끌어 주기도 하고 서로 그 활용 방법에 대해 활발하게 토론도 하고 있습니다. 이렇듯 제텔카스텐의 개념 정리, 네트워크형 메모 앱의 등장, 커뮤니티를 통한 노하우 및 템플릿 공개, 이 삼박자가 맞아 떨어지면서 제텔카스텐에 접근하기가 훨씬 쉬워진 겁니다.

1-2

제텔카스텐을 활용해야 하는 이유

지금까지 니클라스 루만 교수의 메모법을 살펴봤습니다. 그는 메모를 서로 연결하여 얻은 통찰력으로 새로운 지식과 이론을 만들었습니다. 그렇다면 제텔카스텐은 교수나 전문직 종사자들에게나 어울리는 메모법일 뿐이지 않냐고요? 전혀 그렇지 않습니다. 제텔카스텐은 읽기, 메모, 요약, 연결, 발전이라는 단순한 구조로 된 시스템입니다. 누구나 제텔카스텐을 활용할 수 있으며 일상생활과 업무에 적용할 수 있습니다.

그러나 여전히 의구심을 거두기 어려울 수도 있습니다. "아직은 일반인들에게 생소한 제텔카스텐을 굳이 사용해야 하나요?", "제텔카스텐을 활용한다고 과연 모든 사람이 니클라스 루만 교수처럼 높은 지식 생산성을 유지할 수 있을까요?", "나는 책이나 논문을 쓸 일이 없는데 일상생활에서도 굳이 필요할까요?" 옛 속담에 '평양 감사도 저 싫으면 그만'이라는 말이 있습니다. 제텔카스텐이 아무리 좋은 시스템이라도 제텔카스텐을 활용해야 하는 이유를 느끼지 못한다면 제텔카스텐을 사용할 필요는 없습니다. 그래서 제텔카스텐을 사용해야 하는 3가지 이유를 정리해 보았습니다.

1-2-1

오랜 기간 특정 분야를 연구를 할 수 있다

제텔카스텐을 활용하면 한 분야를 오랜 기간 동안 전문적으로 연구할 수 있습니다. 사회학자였던 니클라스 루만 교수는 제텔카스텐을 활용하여 사회학 데이터를 축적하였습니다. 그는 연구를 하면서 어떤 문제에 봉착하거나 문제 해결에 어려움을 겪을 때에는 메모 상자를 열어서 그동안 축적해 놓은 메모들을 검토하였습니다. 만약 해결점을 찾지 못하면 지체 없이 다른 문제로 넘어갔습니다. 그리고 다른 메모들을 검토하다가 예전에 봉착했던 문제에 대한 해결책을 찾으면, 곧바로 그 문제로 돌아가서 연구를 지속했습니다. 복합적인 연구를 동시에 진행하면서도 중단되었던 어떤 위치로 곧장 돌아가서 다시 시작할 수 있었던 이유는 바로 제텔카스텐이었습니다. 제텔카스텐은 멈췄던 일을 처음부터 다시 시작하는 것이 아니라, 정확히 중단되었던 그 위치에서 길을 잃지 않고 목적지까지 도달할 수 있도록 안내합니다.

여기서 주의해야 할 점은 연구 분야가 꼭 학문일 필요는 없다는 점입니다. 여러분이 평소에 관심을 가지고 있던 음악, 영화, 만화 등 모든 분야가 연구 대상이 될 수 있습니다. 내가 관심을 가지고 있던 분야에 제텔카스텐을 적용하면 지치지 않고 오랫동안 데이터를 축적하여 놀라운 결과물을 만들어낼 수 있습니다.

1-2-2

융합 지식을 만든다

제텔카스텐은 각 분야의 경계를 허물고 지식을 융합할 수 있는 발판을 만들어줍니다. 우리의 일상과 사회에는 한 분야의 지식만으로는 설명할 수 없는 현상이나 사건들이 있습니다. 특정한 문제를 이해하기 위해서는 경제, 정치, 거주 환경, 교육 환경 등의 다양한 시각으로 문제를 바라봐야 합니다. 그래야 그 문제의 원인을 정확히 분석하고 해결점을 찾을 수 있습니다. 단순히 한 가지 분야의 이론을 근거로 문제를 해결하려고 하면 예기치 않은 새로운 문제가 발생할 뿐입니다. 예를 들어, 교육 문제는 단순히 학교를 증설하는 것만으로는 해결되지 않습니다. 국가의 경제 현황, 학생들의 등교를 위한 교통 인프라, 양질의 교육 커리큘럼 등등 많은 요소들을 고려해야만 합니다.

그렇다면, 어떻게 해야 다양한 분야의 지식을 통합할 수 있을까요? 바로 제텔카스텐을 통해 다양한 분야의 메모를 축적하여 서로 연결하면 통합된 지식을 만들 수 있습니다. 어떤 경제 문제를 분석하고 연구하려고 할 때, 메모 상자에 있는 경제와 관련된 메모, 사회와 관련된 메모, 문화와 관련된 메모 등을 꺼내서 검토한다면 한 분야만 살폈을 때는 보이지 않던 문제의 사각지대가 발견되면서 제기된 문제를 입체적으로 설명할 수 있을 겁니다.

결과적으로 제텔카스텐의 장점은 여러 분야의 전문지식이 서로의 영역을 뛰어넘어 문제 해결을 위해 결합된다는 것입니다. 그렇게 만들어진 융합 지식은 문제를 해결을 위한 초석이 됩니다.

1-2-3

창의적인 생각이 가능하다

제텔카스텐은 창의적인 생각을 할 수 있는 기반을 만듭니다. 현대의 화두는 창의성입니다. 개인도, 기업도, 정부도 창의성을 강조하는 시대입니다. 창의적인 생각이 기업을 성장시키고, 일자리를 창출하며, 세상을 변화시킵니다. 그렇다면 어떻게 창의적으로 생각할 수 있을까요? 창의성 개발에 대한 많은 주장과 방법론이 제시되고 있습니다만 우리는 우선 창의성의 아이콘이었던 스티브 잡스의 다음과 같은 의견에 주목할 필요가 있습니다. 창의성은 어떤 것들을 연결하는 것이다(Creativity is just connecting things). 스티브 잡스의 주장은 니클라스 루만 교수의 제텔카스텐 원리와 일치합니다. 스티브 잡스가 IT기술과 디자인 감성을 연결시키며 창의성을 발휘했다면 니클라스 루만 교수는 메모와 메모를 연결하면서 창의적인 생각을 발전시켰습니다. 그렇다면 단순히 메모를 연결한다고 창의성이 높아지는 것일까요? 그렇지는 않습니다. 연결을 할 때는 두 가지를 고려해야 합니다.

첫째는 새로운 맥락에서 두 개의 생각을 연결해야 합니다. 『노는 만큼 성공한다』의 저자 김정운 교수는 창의성을 아주 익숙한 것을 다른 맥락에 놓아 새롭게 느끼게 하는 능력으로 정의하고 있습니다. 어떤 메모를 새로운 맥락에서 다른 메모와 연결을 하면 지식의 새로움을 느끼게 됩니다. 그런 새로움이 결국 창의성을 만듭니다.

둘째는 어떤 문제에 대한 해결책을 염두에 두고 메모들을 연결해야 합니다. EBS 다큐프라임 『다시, 학교 5부: 창의성의 발견』에 따르면 창의성의 대가들은 어떤 문제를 발견하고, 지식을 활용하여 그 문제를 해결하는 과정에서 자신의 진가를 발휘한다고 합니다. 따라서 제텐카스텐에 보관되어 있는 기존의 메모들에 새로운 메모를 추가할 때면 이 메모는 어떤 문제들과 연결되어 있을까, 이 메모와 저 메모를 연결하면 기존에 맞닥뜨렸던 문제의 해결책이 되지 않을까를 늘 고려할 필요가 있습니다.

1-3

제텔카스텐의 활용 원칙

　　제텔카스텐은 누구나 쉽게 사용할 수 있는 메모 시스템입니다. 제텔카스텐을 통해 전문직이나 지식산업 종사자들은 축적된 지식을 체계적으로 관리할 수 있고, 학생이나 직장인들 또한 자신의 학업과 업무를 좀 더 효율적으로 관리해 나갈 수 있습니다. 하지만 제텔카스텐을 제대로 활용하기 위해서는 반드시 따라야 할 3가지 원칙이 있습니다. 첫째는 1개 메모당 1개의 생각만 기록, 둘째는 상향식 구조로 글쓰기, 셋째는 비선형 구조 활용하기입니다. 니클라스 루만 교수가 높은 지식 생산성을 유지할 수 있었던 것도 이 3가지 원칙에 충실했기 때문입니다. 제텔카스텐 활용에 가장 핵심적인 3가지 원칙에 대해 자세히 살펴보겠습니다.

1-3-1

1개 메모당 1개의 생각만 기록

　　제텔카스텐 활용의 첫 번째 원칙은 '1개의 메모당 1개의 생각이나 의견을 기록'하는 것입니다. 니클라스 루만 교수가 사용했던 A6 사이즈의 인덱스 노트는 애초에 공간의 제약 때문에 한 번에 많은 생각과 내용을 기록하기 어렵기도 했지만 인덱스 노트가 아닌 공간의 제약이 없는 컴퓨터나 스마트폰을 사용해도 이 원칙은 변하지 않습니다. 이 원칙이 중요한 이유는 두 메모 간의 연결구조가 단순해야만 그 관계과 선명해지기 때문입니다. 각각의 메모는 서로 연인 관계와 같아서 다른 3자가 섞여 있으면 그 의미가 퇴색되고 자유로운 소통이 불가능해집니다. 대신 각각의 메모들은 1대1이라는 조건만 지킨다면 얼마든지 다수의 메모와 서로 결합할 수 있습니다.

그렇다면, 어떻게 1개 메모당 1개의 생각만 기록할 수 있을까요? 만약 텍스트에 여러 개의 생각이 있다면 어떻게 해야 할까요? 텍스트에 여러 개의 생각이 있을 때는 하나씩 쪼개서 각각의 메모를 작성하면 됩니다. 예를 들어 어떤 텍스트에 특정 문제 해결을 위한 A, B, C의 제안이 있다고 가정해 보겠습니다. 먼저 A의 제안, B의 제안, C의 제안을 텍스트에서 분리합니다. 그리고 각 내용을 요약하고 정리하여 영구보관용 메모를 3개를 만듭니다. 그럼, 결과적으로 1개의 텍스트에서 3개의 영구보관용 메모가 만들어진 셈입니다. 1개의 메모당 1개의 생각만 기록한다는 원칙을 지킨 것입니다.

1-3-2

상향식 구조로 글쓰기

두 번째 원칙은 상향식 구조로 글을 쓰는 것입니다. 두 번째 원칙을 설명하기 전에 하향식 글쓰기와 상향식 글쓰기를 구분해 보겠습니다. 주제를 먼저 정하고 관련된 내용을 정리해 나가는 방식이 하향식 글쓰기입니다. 예를 들어, '제텔카스텐의 역사'라는 주제를 정하고 글감을 찾고 자료조사를 해서 글을 쓰는 것이 바로 하향식 구조입니다. 그에 반해, 관련된 자료를 활용하여 주제를 찾아가는 방식이 상향식 글쓰기입니다. 상향식 글쓰기는 기존에 축적되었던 메모들의 연결을 통해 생각을 발전시키고 주제를 정하는 방식입니다.

여러분은 글을 쓸 때 하향식 구조를 사용하시나요, 상향식 구조를 사용하시나요? 일반적으로 우리는 글을 쓸 때 주제부터 먼저 정하고 그 주제에 맞는 내용을 찾는 하향식 구조를 떠올리기 마련입니다. 그런데 주제에 맞는 글감과 자료를 찾는 일은 결코 쉽지 않습니다. 글의 완성도를 높이려면 내가 정한 주제와 맞는 글감과 자료가 있어야 하는데 여기에 에너지를 집중하다보면 시간도 오래 걸리고 집필하기 전 준비과정에서 이미 지쳐버리기 십상입니다.

『글 쓰는 인간을 위한 두 번째 뇌, 제텔카스텐』의 저자 숀케 아렌스는 이런 하향식 글쓰기를 강하게 비판하고 있습니다. 그 누구도 아무것도 없는 빈 페이지에서 주제에 맞는 글을 쓰거나 새로운 생각을 만들어낼 수 없다는 것입니다. 대신 숀케 아렌스는 메모를 작성하고 메모와 메모를 연결하면서 나오는 생각과 의견을 조합하여 글을 쓰는 상향식 구조를 보다 현실적인 대안으로 제시합니다. 상향식 글쓰기를 해야 하는 이유는 분명합니다. 이미 축적된 메모들의 연결을 통해 생각을 발전시키고 이야기를 풀어갈 수 있기 때문입니다. 글을 쓸 때 필요한 글감과 어떤 주장을 뒷받침해 줄 근거 또한 제텔카스텐 속에 이미 보관 되어 있기 때문에 효율적인 글쓰기가 가능해 집니다.

상향식 vs. 하향식

1-3-3

메모와 메모를 비선형 구조로 연결하기

　　세 번째 원칙은 비선형 구조로 메모와 메모를 연결하는 것입니다. 선형 구조는 메모가 순차적으로 나열되는 구조입니다. 마치 컴퓨터의 폴더처럼 상하의 구별이 확실한 구조이며 일반적인 메모 앱들은 이런 선형 구조로 파일이나 메모를 저장하고 관리합니다. 그에 비해 비선형 구조는 상하의 구별이 확실하지 않습니다. 상하의 구별 없이 연관성이 있다면 어떤 위치에 있는 메모와도 연결할 수 있는 구조입니다.

예를 들어 루만 교수는 A분야의 B노트에 C분야의 D노트 번호를 기록하였습니다. 이는 B노트와 D노트가 서로 연결할 수 있는 지식임을 뜻합니다. 선형 구조에서 봤을 때는 A분야와 C분야의 메모는 서로 떨어져 있기 때문에 직접 연결이 불가능하지만 비선형 구조에서는 아무런 제약 없이 B노트와 D노트를 직접 연결할 수 있습니다.

그런데 A6 용지에 메모하여 상자에 차곡차곡 담아두는 아날로그 방식보다 디지털 환경에서 제텔카스텐을 활용할 때 오히려 선형 구조의 늪에 빠지지 않도록 더 경계해야 합니다. 컴퓨터가 파일을 관리하는 구조가 선형적이기 때문입니다. 이런 선형 구조와 비선형 구조를 이해하는 사용자의 역량에 따라 메모의 수준과 활용 능력은 크게 달라질 수 있습니다. 예를 들어 어떤 사회 문제를 분석할 때 선형 구조에 따라 사회학 관련 메모들만 활용하는 것보다는 비선형 구조를 통해 사회학 관련 메모, 경제학 관련 메모, 교육학 관련 메모를 연결하면 문제 해결을 위한 보다 입체적인 시각을 만들 수 있습니다.

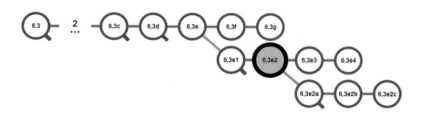

니클라스 루만이 남긴 메모들의 비선형 구조

1-4

두 번째 뇌

제텔카스텐에 대해 알아가다 보면 항상 따라붙는 말이 '두 번째 뇌'라는 용어입니다. 생산성 전문가 티아고 포르테(Tiago Forte)는 두 번째 뇌를 다음과 같이 정의합니다. 두 번째 뇌는 경험을 통해 얻은 아이디어, 영감, 통찰력 및 연결을 저장하고 체계적으로 상기시키는 방법론입니다. 현대의 도구와 기술을 활용하여 우리의 기억과 지성을 확장하는 것입니다(Forte Labs). 즉, 두 번째 뇌는 인간의 두뇌 자체를 훈련시켜서 기억력을 향상시키는 것이 아니라 인터넷, 스마트폰, 클라우드 시스템 등과 같은 현대의 기술을 적극적으로 사용하여 지식을 관리하고 지성을 확장시키는 방법론을 말합니다. 인간 두뇌의 한계를 인정하면서 현대의 기술을 활용하여 기억의 왜곡이나 오류가 발생하는 인간 두뇌의 약점을 보완해 나가는 것입니다.

그렇다면, 두 번째 뇌는 제텔카스텐과 무슨 관계가 있을까요? 제텔카스텐과 두 번째 뇌의 목표는 동일합니다. 두 번째 뇌와 마찬가지로 제텔카스텐도 정보와 지식의 정리, 그리고 기억과 지성의 확장을 목표로 하고 있습니다. 대신 제텔카스텐과 두 번째 뇌에는 중요한 차이점이 하나 있습니다. 제텔카스텐은 메모와 메모의 연결을 통해 지식을 발전시키고 이를 활용하여 글을 쓰는 것이 목적이라면, 두 번째 뇌는 지식과 정보를 보관하는 데 주안점을 두고 있습니다. 즉, 제텔카스텐은 글쓰기를 위한 지식 발전에 특화되어 있다면 두 번째 뇌는 카테고리를 만들어서 정보와 지식을 보관하는 용도에 특화되어 있는 것입니다.

제텔카스텐으로 새로운 지식을 배우고 이론을 만드는 것도 중요하지만 그 지식과 이론이 제대로 정리되지 않는다면 제대로 활용할 수도 없는 법입니다. 따라서 제텔카스텐으로 두 번째 뇌를 구축한다면 지식의 발전과 보관이라는 가장 이상적인 관계가 만들어집니다. 제텔카스텐으로 시작된 지식의 여정이 두 번째 뇌라는 종착점에 도착하는 겁니다.

제텔카스텐은 책을 쓰는 작가이고, 두 번째 뇌는 책을 보관하는 도서관과 같습니다. 작가는 자신의 가진 모든 지식과 정보를 정리하여 책으로 기록합니다. 그리고 완성된 책은 도서관에 보관하게 됩니다. 특정 주제에 대해 궁금한 점이 생기면 우리는 도서관에 가서 책을 펼쳐서 필요한 지식을 찾습니다. 책과 도서관, 즉 제텔카스텐과 두 번째 뇌가 사라지지 않는 한 우리의 지식은 영원히 사용 가능한 상태로 남아있게 될 겁니다.

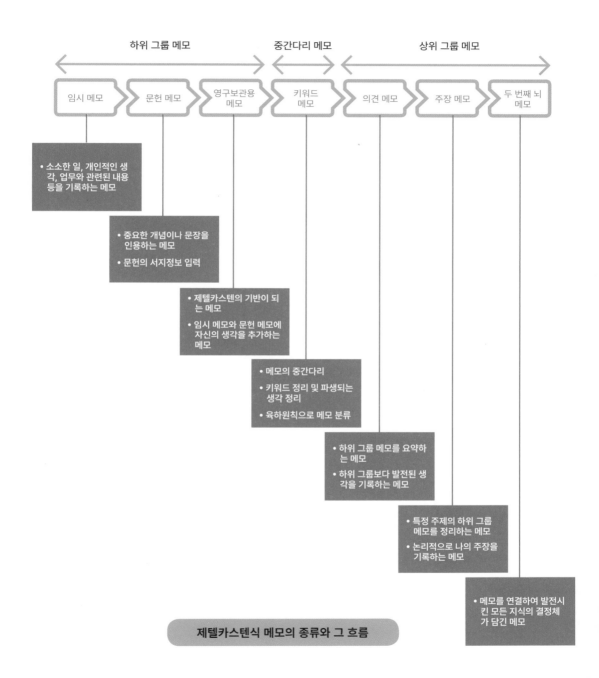

하위 그룹 메모 　　중간다리 메모 　　상위 그룹 메모

임시 메모　　문헌 메모　　영구보관용 메모　　키워드 메모　　의견 메모　　주장 메모　　두 번째 뇌 메모

- 소소한 일, 개인적인 생각, 업무와 관련된 내용 등을 기록하는 메모

- 중요한 개념이나 문장을 인용하는 메모
- 문헌의 서지정보 입력

- 제텔카스텐의 기반이 되는 메모
- 임시 메모와 문헌 메모에 자신의 생각을 추가하는 메모

- 메모의 중간다리
- 키워드 정리 및 파생되는 생각 정리
- 육하원칙으로 메모 분류

- 하위 그룹 메모를 요약하는 메모
- 하위 그룹보다 발전된 생각을 기록하는 메모

- 특정 주제의 하위 그룹 메모를 정리하는 메모
- 논리적으로 나의 주장을 기록하는 메모

- 메모를 연결하여 발전시킨 모든 지식의 결정체가 담긴 메모

제텔카스텐식 메모의 종류와 그 흐름

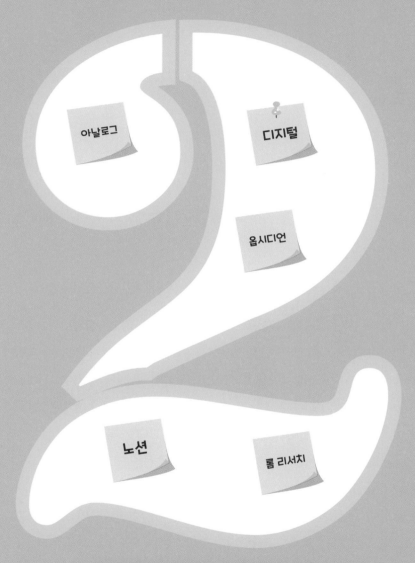

제텔카스텐을 위한 도구들

2-1

아날로그 vs. 디지털

제텔카스텐을 실행하기 전에 먼저 생각해야 할 문제가 있습니다. 바로 아날로그 제텔카스텐과 디지털 제텔카스텐 중에서 하나를 선택해야 하는 것입니다. 아날로그 방식이라고 무조건 구식은 아니고 디지털 방식이 항상 좋은 것만은 아닙니다. 아날로그 방식과 디지털 방식의 장단점을 살펴보고 나에게 맞는 방식을 선택해야 합니다.

아날로그 방식

아날로그 방식은 말 그대로 펜으로 종이에 메모를 하는 것입니다. 그러고는 가방이나 상자에 메모를 보관하면 됩니다. 아날로그 방식의 제텔카스텐이 아직도 유용하다는 것은 베스트셀러 작가인 라이언 홀리데이(Ryan Holiday)의 사례를 통해 알 수 있습니다. 『에고라는 적』, 『스토아 수업—철학은 어떻게 삶의 기술이 되는가』, 『스틸니스』 등의 책을 출판한 그는 유튜브(https://youtu.be/cMnor_tTUzE)에 『에고라는 적』을 집필했던 방법을 공유했는데 그 과정은 니클라스 루만 교수의 제텔카스텐 시스템과 거의 비슷합니다. 즉, 그는 먼저 인덱스 노트에 틈틈이 메모를 하고 그 메모를 서로 연결하며 챕터별로 글을 구성하여 퇴고를 거쳐 책을 출판합니다. 그런데 이 아날로그 방식의 가장 큰 단점은 시간이 오래 걸린다는 것입니다. 일반적으로 손으로 글씨를 쓰는 것은 타이핑하는 것보다 느립니다. 또한 메모가 분실되거나 물리적으로 손상될 가능성도 있습니다.

디지털 방식

디지털 방식은 세 가지 장점이 있습니다. 첫째는 메모를 빠르고 정확하게 입력할 수 있고 언제 어디에서든 필요한 내용을 검색하여 활용할 수 있습니다. 둘째는 메모의 편집과 수정이 자유롭고 다른 사람들과의 공유도 가능하기에 집단지성을 구축할 수 있습니다. 셋째는 디지털 환경을 이용하여 지식 생산성을 극대화할 수 있습니다. 하지만 단점도 분명히 존재합니다. 아날로그 방식은 그냥 메모지에 글을 적으면 되지만 디지털 방식은 해당 앱의 사용법을 따로 익혀야 원활하게 활용할 수 있고, 전원이나 인터넷을 활용할 수 없는 곳에서는 메모에 접근을 할 수 없으며, 사용하고 있던 메모 앱의 서비스가 종료된다면 그동안 누적된 메모를 다른 곳으로 옮겨야 합니다. 어쨌든 디지털 방식을 선택한다면 우선 자신에게 맞는 메모 앱을 찾아야 합니다. 메모 앱은 일반 메모 앱(에버노트, 원노트 등), 마크다운 기반의 앱(베어, 노션 등), 그리고 네트워크형 메모 앱(롬 리서치, 옵시디언 등)으로 구분할 수 있는데 각각의 메모 앱들이 가지고 있는 특징이 다 다르기 때문에 직접 경험해 보고 자신에게 맞는 앱을 선택하는 것이 중요합니다.

그런데 아날로그 방식과 디지털 방식 중에서 한 가지만 선택하는 것은 현명한 방법이 아닙니다. 한 가지를 메인으로 활용하고 다른 하나를 서브로 활용하는 것이 좋습니다. 예를 들어, 아날로그 인덱스 노트에 정리된 내용을 디지털로 다시 정리할 수 있습니다. 아니면, 디지털로 정리된 메모 중에서 중요한 내용만 아날로그로 옮길 수도 있습니다. 이 과정을 통해 그동안 놓치고 있던 내용을 발견하게 되거나 새로운 아이디어와 통찰력을 발견할 수도 있습니다. 그러면 이제 최근 각광받고 있는 디지털 메모 앱들을 각각 살펴보면서 어떻게 제텔카스텐 시스템을 구축할 수 있는지 살펴보도록 합시다.

2-2

노션

　　노션은 노트 작성, 일정 관리, 데이터베이스 등을 하나의 스페이스에서 처리할 수 있는 올인원 앱입니다. 노션은 2018년 6월에 출시되었고 에버노트의 대항마로 불리며 급성장하여 결국, 에버노트 사용자들이 노션으로 대거 이동하는 성과를 얻고 있습니다. 노션의 강력한 데이터베이스 기능과 6개의 보기, 필터, 수식 기능 등을 활용하면 프로젝트를 보다 빠르고 쉽게 관리할 수 있으며 팀원들과의 협업도 수월하게 이뤄질 수 있습니다.

　　노션은 프로젝트 관리에 특화되어 있는 앱입니다. 문서 작성도 가능하고 일정 관리도 가능합니다만 노션이 급성장할 수 있었던 이유는 무엇보다 프로젝트 관리자들이 노션을 프로젝트 운용에 유용하다며 많이 추천했기 때문입니다.

　　노션으로 제텔카스텐 시스템을 구축했을 때의 장점은 메모를 시각적으로, 그리고 직관적으로 관리할 수 있다는 겁니다. 옵시디언이나 롬 리서치의 경우, 폴더나 페이지로 메모를 관리하기 때문에 메모가 몇 개가 있는지, 어떤 카테고리에 속해 있는지 파악하는 데 다소 어려움이 있습니다. 하지만 노션의 표 데이터베이스를 활용하면 메모의 개수와 메모의 종류를 쉽게 파악할 수 있습니다.

2-2-1

노션의 특징

노션에는 제텔카스텐 시스템을 구축하는 데 꼭 필요한 5가지 기능이 있습니다. '링크된 데이터베이스 생성', '백링크', '동기화 블록', '관계형 속성', '필터' 기능입니다. 각각 살펴보겠습니다.

첫째, 링크된 데이터베이스 생성 기능은 원본 데이터베이스를 다른 페이지에서 소환하여 편집과 수정을 할 수 있는 기능입니다. 예를 들어 A페이지에 있는 원본 데이터베이스를 B페이지로 소환하여 편집과 수정을 할 수 있습니다. 링크된 데이터베이스 생성 기능을 사용하려면 '/링크된 데이터베이스 생성'이라고 입력한 다음 원본 데이터베이스의 제목을 입력하면 됩니다. 링크된 데이터베이스 생성 기능을 통해 소환된 데이터베이스는 실시간으로 원본 데이터베이스와 동기화가 이루어지기 때문에 편리하게 데이터를 입력하고 수정할 수 있습니다. 또한 이 기능을 활용하면 메모가 필요한 노션 페이지에 메모 데이터베이스를 소환하여 메모를 할 수 있게 됩니다.

둘째, 백링크 기능을 활용하면 노션 페이지나 데이터베이스의 데이터로 바로 이동할 수 있고 지정한 데이터베이스에 데이터를 입력할 수 있습니다. 예를 들어 '@영구보관용메모'라고 입력하면 백링크가 만들어지는데, 백링크의 역할은 두 개의 데이터베이스에 연결고리를 만들어 주는 것으로 A페이지에서 B페이지를 백링크로 소환하면, A페이지에서 B페이지로 바로 이동할 수 있는 링크가 생성됩니다. 더불어 B페이지에는 A페이지가 백링크로 연결되어 있다는 사실이 표시됩니다. 이 기능을 통해 우리는 제텐카스텐의 중요한 요소인 비선형 구조로 메모를 연결할 수 있습니다.

셋째, 최근에 업데이트된 동기화 블록 기능은 '링크된 데이터베이스 생성'과 유사한 기능을 제공합니다. 다만 링크된 데이터베이스 생성 기능이 원본 데이터베이스를 복제된 데이터베이스로 동기화한다면, 동기화 블록은 원본 텍스트 블록과 복제된 텍스트 블록을 실시간으로 동기화시킵니다. 동기화 블록은 텍스트의 수정과 편집이 모두 실시간으로 반영되기 때문에 여러 페이지에 분산되어 있는 텍스트를 한 번에 수정 및 편집할 수 있습니다. 따라서 동기화 블록을 만들고 영구보관용 메모를 작성한 다음 메모가 필요한 페이지에 동기화 블록을 복사하면 원본 동기화 블록을 수정하는 순간, 복사된 동기화 블록도 일괄적으로 수정이 되므로 수정과 편집이 매우 편리합니다.

넷째, 데이터베이스의 관계형 속성은 현재 데이터베이스에 다른 데이터베이스를 연결해 주는 기능입니다. 실시간으로 동기화를 해 주는 것은 아니지만, 두 데이터베이스 간의 연결 구조를 뚜렷하게 보여줍니다. 이 관계형 속성은 제텔카스텐 시스템을 구축할 때 상위 데이터베이스와 하위 데이터베이스의 연관성을 보여주는 데 사용합니다. 특별히 인덱스 데이터베이스를 만들어 메모들을 관계형으로 연결해 주면, 작성하고 있는 메모의 종류와 숫자도 쉽게 파악할 수 있습니다.

마지막 다섯째는 데이터베이스 필터 기능입니다. 데이터베이스에 메모를 기록하고 보관하다 보면 데이터의 양이 점점 많아지게 되는데, 이럴 때는 데이터를 목적에 따라 분리하여 출력하는 것이 좋습니다. 필터는 데이터베이스의 모든 속성을 활용할 수 있고 두 개 이상의 조건으로도 필터링을 할 수 있기 때문에 필요한 결과물만 출력해서 확인할 수 있습니다. 따라서 제텔카스텐 시스템을 구축할 때 문헌 메모만 필터링해서 보거나 영구보관용 메모만 골라서 확인할 수 있습니다.

2-2-2

노션 제텔카스텐 시스템의 장단점

노션으로 제텔카스텐 시스템을 구축하면, 두 가지 장점이 있습니다. 첫째는 데이터베이스 기반의 시각적인 메모 상자를 구현할 수 있습니다. 이는 아웃라이너 구조인 롬 리서치나 옵시디언의 기능과 비교해 볼 때 분명한 장점입니다. 인덱스 데이터베이스와 메모 데이터베이스를 만들고 관계형 속성으로 두 개의 데이터베이스를 연결하면 인덱스 데이터베이스에 어떤 메모가 보관되어 있는지 손쉽게 확인할 수도 있습니다. 또한 메모의 상위 그룹과 하위 그룹을 정확하게 파악할 수 있기 때문에 상향식 구조를 만드는 데 도움이 됩니다.

두 번째 장점은 데이터베이스의 관계형 속성과 백링크를 활용하면 비선형 구조를 자유자재로 활용할 수 있다는 점입니다. 제텔카스텐은 상하 구조가 확실한 선형 구조가 아닌 모든 데이터와 자유롭게 연결되는 비선형 구조로 이뤄져야 합니다. 1개의 메모가 여러 개의 메모와 연결이 되면서 생각이 발전하는 구조인 것입니다. 따라서 비선형 구조의 개념을 이해하지 못하면 메모를 그저 하위 구조에 있는 메모와 연결하는 제한적인 선형 구조로 사용할 수밖에 없습니다. 그런 면에서 노션은 링크된 데이터베이스 생성, 관계형 속성, 백링크, 동기화 블록을 통해 메모들을 위치의 제약 없이 연결하는 비선형 구조를 만드는 데 도움이 됩니다.

반면 노션의 단점은 기존의 메모 앱에서 볼 수 없었던 생소한 기능인 링크된 데이터베이스 생성 기능이나 관계형 속성 등을 제대로 이해하지 못한다면 제텔카스텐 시스템을 구축하기가 어렵다는 것입니다. 따라서 기능을 숙지하는 데 꽤 시간이 소요될 수 있습니다.

추천대상
노션은 제텔카스텐 시스템을 시각적으로 이해할 수 있고 관계형 속성으로 메모와 메모를 연결하는 연습을 할 수 있습니다. 그리고 인덱스의 활용도가 옵시디언이나 롬 리서치보다는 높습니다. 결론적으로 메모를 한눈에 살펴보기를 원하시는 분들에게 적합한 메모 앱입니다.

2-3

롬 리서치

롬 리서치는 코너 화이트와 코나 설리번이 2017년부터 개발한 네트워크형 메모 앱입니다. 2020년부터 인기가 급부상하며 전 세계 6만명 이상의 사용자를 보유한 앱으로 성장한 롬 리서치의 모토는 '네트워크된 생각을 위한 메모 도구(A note-taking tool for networked thought)'입니다. 즉 메모와 메모가 연결되는 앱을 구현하는 것이 롬 리서치의 철학이며 이런 면에서 롬 리서치는 제텔카스텐 시스템을 구현하는 데 최적화되어 있다고 할 수 있습니다.

2-3-1

롬 리서치의 특징

롬 리서치의 가장 큰 특징은 비선형 구조와 링크 기능입니다. 롬 리서치는 파일을 저장하는 폴더가 따로 없기 때문에 작성된 메모는 페이지 자체에 저장되고 메모를 불러올 때는 백링크 기호인 겹대괄호 [[ ]]를 사용합니다. 롬 리서치를 처음 사용하는 사용자들은 파일을 보관하는 폴더가 없어서 파일 관리를 어떻게 해야 할지 난감해 합니다. 하지만 이는 페이지와 링크로

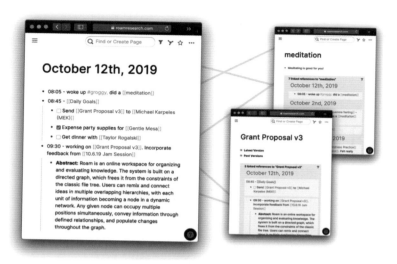

롬 리서치의 데일리 노트

메모를 관리함으로써 메모를 비선형 구조로 활용할 수 있게 만드는 롬 리서치의 가장 큰 특징이기도 합니다.

롬 리서치에 로그인하면 처음 나오는 화면이 데일리 노트(Daily Notes)인데 모든 메모는 이 데일리 노트에서 시작합니다. 데일리 노트에 메모를 작성하고 신규 노트가 필요하면 백링크 [[ ]]로 페이지를 만드는 겁니다. 이 방식은 메모와 메모의 연결을 자연스럽게 만들어 줍니다. 또한 한 개의 메모에서 다른 메모에 있는 내용을 블록 레퍼런스 기능으로 불러올 수 있기 때문에 메모의 편집과 활용도 쉬운 편입니다.

특히, 롬 리서치 유저들은 커뮤니티를 통해 활발하게 정보를 공유합니다. CSS를 만들어서 공유하거나 Roam42와 같은 플러그인을 만들어서 배포하여 유저들 스스로 롬 리서치의 단점을 보완하고 있습니다.

2-3-2

롬 리서치 제텔카스텐 시스템의 장단점

        롬 리서치로 제텔카스텐을 실행하면 두 가지의 장점이 있습니다. 첫째는 롬 리서치의 기본 기능만 익히고 데일리 노트를 활용하면 그 즉시 제텔카스텐 시스템이 구축된다는 점입니다. 롬 리서치는 폴더 구조를 가진 노트 앱이 아닙니다. 데일리 노트에 메모를 기록하고 핵심 내용은 [[ ]] 안에 입력합니다. 예를 들어, 데일리 노트에 [[제텔카스텐의 활용법]]을 입력하고 하단에 [[첫 번째 원리]], [[두 번째 원리]], [[세 번째 원리]]와 같이 입력하면 데일리 노트에 4개의 페이지가 만들어지면서 각 페이지로 이동하여 내용을 기록하거나 블록 레퍼런스 기능으로 원하는 페이지의 텍스트를 가져올 수 있게 됩니다. 이렇듯 데일리 노트를 중심으로 제텔카스텐을 바로 활용할 수 있다는 것이 롬 리서치의 가장 큰 장점입니다.

        둘째, 롬 리서치는 글을 쓸 때 매우 유용합니다. 롬 리서치에 보관된 모든 메모는 블록 레퍼런스를 이용하여 필요할 때마다 현재 작업하고 있는 페이지로 불러올 수 있습니다. 글 쓰는 작업의 흐름을 유지하면서 관련된 내용을 본문에 삽입할 수 있는 겁니다. 이렇게 되면 글감이나 자료를 찾는 시간이 줄어들어 글쓰기의 효율도 높아집니다. 또한 오른쪽 사이드바를 열어서 참고사항을 표시할 수도 있습니다.

        이런 장점에도 불구하고, 롬 리서치는 진입 장벽이 높다는 것이 단점입니다. 2020년부터 인기가 급상승하면서 많은 사람들이 롬 리서치에 관심을 가지고 활용해 보려고 했지만 실패한 경우가 꽤 많이 있습니다. 이는 롬 리서치가 기존의 노트 앱과는 다른 성격과 철학을 가지고 있고, 사용법도 생소하기 때문입니다. 사용자 친화적이지 않은 UX/UI와 기존 메모 앱과의 차이점을 정확하게 파악하지 않는다면 롬 리서치를 제대로 활용할 수 없다는 것은 분명히 이 앱의 사용을 주저하게 만듭니다.

그런데 무엇보다 롬 리서치의 가장 큰 단점은 개인 유저에 대한 유료화 정책과 모바일 앱의 부재입니다. 롬 리서치는 윈도우, 맥, 리눅스에서 사용할 수 있는 데스크탑용 프로그램을 다른 앱들에 비해 다소 비싸게 제공하고 있는 데다가 안드로이드나 iOS에서 사용할 수 있는 모바일용 앱은 아직 개발되지 않는 상태입니다. 스마트폰이나 태블릿PC에서 웹브라우저를 활용하여 롬 리서치에 접속은 할 수 있지만 메모를 입력하는 페이지일 뿐, 데스크탑의 모든 기능을 사용할 수는 없습니다. 모바일 앱의 부재는 메모를 할 수 있는 공간의 제약을 만듭니다. 노션이나 옵시디언은 모바일 앱이 있기 때문에 장소의 제약 없이 메모를 할 수 있는 것과 비교하면 상당히 큰 단점이라고 볼 수 있습니다.

추천대상

제텔카스텐을 이미 활용하고 계신 분들에게 추천합니다. 롬 리서치는 진입장벽이 높기 때문에 제텔카스텐을 처음 접하는 분들은 롬 리서치의 기능들을 배우다가 지쳐서 제텔카스텐 자체와 멀어지게 될 수도 있습니다. 그런데 폴더 정리를 잘 못하는 분들에게는 롬 리서치가 탁월한 선택이 될 수도 있습니다. 롬 리서치는 폴더가 아닌 페이지로 관리되어 폴더를 따로 정리할 필요가 없기 때문입니다. 물론 페이버릿(favorite) 기능을 통해 페이지를 왼쪽 사이드바에 표시할 수 있지만 엄밀히 말해서 폴더의 기능은 아닙니다.

2-4

옵시디언

옵시디언은 마크다운 기반의 메모 앱입니다. 옵시디언의 모토는 '당신을 위한 영구적인 두 번째 뇌(Second brain for you, forever)'로 글쓰기를 통해 두 번째 뇌를 구축하는 것을 목표로 하고 있습니다. '옵시디언(obsidian)'은 화살 분출로 만들어진 유리 광물인 '흑요석'을 뜻하는데 옵시디언의 메뉴들이 보라색, 검은색, 회색, 붉은색 등으로 꾸며져 있는 이유는 바로 이 광물의 다채로운 색깔을 연상시키기 위해서입니다.

2-4-1

옵시디언의 특징

옵시디언의 개발자 쉬다 리(Shida Li)와 에리카 수(Erica Xu)는 2015년에 먼저 Dynalist를 출시하였습니다. Dynalist는 메모, 할 일 목록, 백링크 기능 등을 사용할 수 있는 심플한 아웃라이너 앱으로, Workflowy가 등장하여 선풍적인 인기를 끌고 있을 때 workflowy의 대항마로 출시되어 충실한 아웃라이너 기능과 유료 회원들을 위한 구글 캘린더 연동, 그리고 구글 드라이브나 드랍박스와의 연동 기능으로 유저들의 호응을 받았습니다. 그러다가 본격적인 두 번째 뇌 메모 앱을 표방하면서 2020년 야심차게 세상에 내놓은 것이 바로 옵시디언입니다.

이런 옵시디언의 진가를 알아 본 사용자들이 옵시디언 포럼(forum.obsidian.md)에서 활발히 소통하고 있다는 점도 이 앱의 특징 중 하나입니다. 이 포럼에서 사용자들은 옵시디언을 사용하다 발생하는 문제들의 해결방안을 스스로 제시하고, 자신이 찾아낸 노하우들을 적극 공유하고 있습니다.

옵시디언은 롬 리서치와는 달리 한글 메뉴가 제공됩니다. 따라서 처음 접하는 사람이라도 언어의 장벽 없이 사용해 볼 수 있습니다. 또한 옵시디언은 2021년 7월 모바일 앱을 출시하여 공간의 제약 없이 언제 어디서든 메모할 수 있는 환경을 마련하였습니다.

2-4-2

옵시디언 제텔카스텐 시스템의 장단점

옵시디언의 장점은 우선 로컬 폴더 기반이라는 점입니다. 노션, 롬 리서치, 에버노트 등은 모두 클라우드 기반인데 반해 옵시디언에서 작성한 메모는 마크다운 파일로 로컬 폴더에 저장됩니다. 클라우드 기반은 언제 어디서나 접속하여 필요한 내용을 살펴볼 수 있지만 인터넷이나 서버에 문제가 발생하면 먹통이 될 수 있고, 정보의 보안 문제도 있습니다. 또한 데이터가 많아질수록 속도가 느려질 수 있습니다. 그에 반해, 로컬 폴더에 저장이 되는 옵시디언은 데이터의 손실이나 속도 저하의 걱정 없이 사용할 수 있습니다. 옵시디언에서 작성하는 모든 메모는 로컬에 저장이 되어 메모의 수가 많아지더라도 로딩 속도가 느려지지 않습니다. 메모의 백업도 편리하여 클라우드 기반보다 안정적으로 데이터의 보안을 지킬 수 있다는 것 또한 장점입니다(물론 클라우드 기반의 앱도 백업이나 익스포트 기능으로 메모를 로컬에 저장할 수 있기는 합니다만 별도로 저장하는 과정이 번거로울 수 있습니다).

그리고 옵시디언은 메모와 메모 간의 연결성을 확인할 수 있는 그래픽 뷰를 제공합니다. 그래픽 뷰를 확인하면 한 개의 메모가 어떤 메모와 연결이 되어있는지 시각적으로 확인할 수 있습니다. 그래픽 뷰는 마치 우리 뇌의 뉴런과 같은 모습을 하고 있습니다. 이는 옵시디언을 통해 두 번째 뇌를 만들고자 하는 개발자의 철학을 보여준다고 할 수 있습니다. 또한 이 그래픽 뷰에서 필터를 활용하면 원하는 부분만 따로 볼 수 있어서 특정 메모를 쉽게 찾을 수도 있습니다.

옵시디언의 이런 장점들에도 불구하고 단점 역시 존재합니다. 첫 번째 단점은 데스크탑과 모바일 앱의 실시간 동기화가 되지 않습니다. 옵시디언은 로컬 기반의 메모 앱이기 때문에 데스크탑에서 만든 메모는 데스크탑에만 기록이 되고 모바일에서 만든 메모는 모바일에만 저장됩니다. 이런 문제를 해결하기 위해서는 옵시디언에서는 제공하는 유료 동기화 서비스를 사용해야 합니다. 그러나 평소 사용하는 클라우드 서비스, 즉 구글 드라이브나 아이클라우드 등에 옵시디언 폴더를 만들어 두면 별도의 비용 없이 모바일 앱과 데스크탑 앱을 동기화할 수 있습니다.

두 번째 단점은 텍스트 편집 기능이 단출하다는 점입니다. 노션에서는 텍스트 편집창을 사용하여 텍스트의 글자색을 변경하거나 볼드체, 이탤릭체 등으로 전환할 수 있지만, 옵시디언에는 이런 편집창이 없습니다. 대신 마크다운 문법에 익숙해지면 오히려 심플한 이용이 가능해 집니다.

추천 대상

옵시디언에서 작성하는 모든 파일은 로컬 폴더에 저장되기 때문에 보안에 민감한 분들은 클라우드 저장 방식보다 더 안정적으로 사용할 수 있습니다. 또한 클라우드 방식은 일정 개수 이상의 파일이 저장되어 있으면 인터넷 환경에 따라서 속도가 저하되는 현상이 발생할 수 있으므로 많은 데이터를 관리하면서 일정한 속도를 원하시는 분들에게도 옵시디언을 추천합니다. 그리고 작성한 메모가 어떤 메모와 연결되어 있는지 직관적으로 확인을 하고 싶은 분들에게도 옵시디언을 추천합니다. 메모의 연결 구조를 확실하고 분명하게 보여주며, 필터의 옵션 설정을 통해 원하는 메모만 볼 수 있는 옵시디언의 그래픽 뷰는 롬 리서치보다 훨씬 낫습니다. 따라서 시각 정보를 중요하게 생각하거나 작업 과정을 한눈에 조망하는 것을 좋아하는 사람들에게는 옵시디언이 탁월한 선택이 될 것입니다.

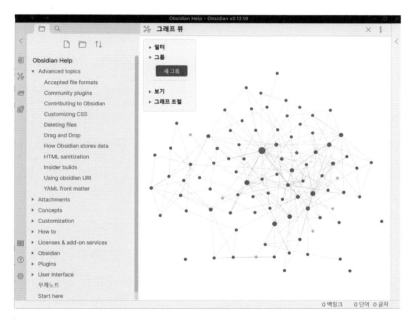

심플한 옵시디언의 인터페이스

2-5

기타 앱들

　제텔카스텐을 완벽하게 구현할 수 있는 메모 앱은 없습니다. 앞에서 소개한 앱들은 모두 장단점을 가지고 있습니다. 따라서 각자의 환경과 상황에 맞는 앱을 선택하여 제텔카스텐 시스템을 구축하는 것이 중요합니다. 이를테면 롬 리서치의 한 달 사용료가 부담스러운 분들은 Logseq나 Athen Research를 사용하는 것도 좋은 선택지가 될 것입니다. 실제로 롬 리서치를 사용하다가 Logseq나 Athen Research로 옮겨가는 사용자들이 증가하고 있습니다. 이 앱들은 롬 리서치의 시스템을 로컬에서도 사용할 수 있도록 만들어 준다는 점이 가장 큰 매력입니다.

　일단 여러 가지 앱들을 설치해 보고 직접 부딪혀 보시길 바랍니다. 이 책에서 제텔카스텐 시스템 구축의 예시를 보여주는 프로그램으로 옵시디언을 선택한 것은 가장 접근성이 좋기 때문입니다. 즉 무료이고, 설치가 간단하고, 한글 메뉴가 제공되며, 로컬 기반이라 속도가 빠르고, 제텔카스텐 시스템의 구조를 확인하는 데 최적화된 그래픽 뷰를 갖추고 있습니다.

　옵시디언을 통해 제텔카스텐의 기본 활용을 익힌 다음에 앞으로 어떻게 더 나아갈지는 순전히 여러분의 선택에 달려 있습니다. 계속 옵시디언을 사용해도 좋고, 기존의 다른 앱들을 사용해 보거나 새롭게 등장하는 앱들을 테스트해 보며 더 나은 도구를 찾아나설 수도 있습니다. 하지만 언제나 본질적인 부분은 내가 애써 쓴 메모들을 혼자 내버려두지 않고 어떻게 연결시켜 놓을 수 있을까 하는 점입니다. 우선 다음 장부터 시작되는 옵시디언 기반의 제텔카스텐 시스템에 집중해서 한층 더 효율적인 지적 생활에 대한 영감을 얻으시길 바랍니다.

3

설치

메뉴

마크다운

모바일

추가 기능

옵시디언 사용법

3-1

옵시디언 설치

옵시디언은 데스크탑 앱과 모바일 앱을 모두 제공하고 있습니다. 옵시디언 홈페이지(obsidian.md)를 방문하면 데스크탑 앱, iOS 앱, 안드로이드 앱을 다운 받을 수 있습니다. 우선, 데스크탑 앱부터 설치해보겠습니다.

3-1-1

데스크탑 앱 설치 및 메뉴 둘러보기

옵시디언 홈페이지를 방문하면 첫 화면에 'A second brain, for you, forever'의 모토 아래에 'Get Obsidian for Windows' 버튼이 있습니다. 이 버튼을 클릭하면 윈도우용 옵시디언 데스크탑 앱을 다운로드 받을 수 있습니다.

만약 맥이나 리눅스를 사용한다면, 다운로드 버튼 아래의 'Also available for macOS, Linux (AppImage), Linux (Snap), and Linux (Flatpak). More platforms.'에서 원하는 버전의 앱을 선택하여 다운로드 받을 수 있습니다.

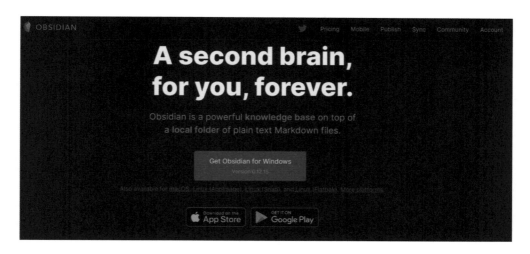

2021년 10월 기준, 윈도우 앱의 v0.12.15 버전으로 설치하는 방법을 설명드리겠습니다. 위와 같은 화면에서 윈도우 버전을 다운로드 받으면 Obsidian.0.12.15.exe 파일이 생성됩니다. 그리고 이 파일을 실행하면 옵시디언 설치가 시작됩니다.

설치가 완료되면 앞 페이지의 그림처럼 첫 화면에 보관함 옵션창이 나옵니다. 이 옵션창에서 파일의 보관 위치와 언어를 설정할 수 있습니다. 우선, 메뉴 하단에 있는 언어 옵션을 선택하여 영어를 한국어로 변경합니다. 이 언어 설정 변경으로 한국어 메뉴가 표시됩니다.

- 폴더를 보관함으로 열기는 이미 존재하는 어떤 폴더를 옵시디언 보관용으로 설정하는 것입니다. 롬 리서치나 기타 앱에서 만든 마크다운 파일이 있는 폴더를 선택하면 효율적입니다.
- 새로운 보관함 만들기는 컴퓨터의 원하는 위치에 옵시디언 보관용 새 폴더를 만드는 것입니다. '생성'을 클릭하면 나타나는 아래 그림과 같은 화면에서 '보관함 이름'에 이름을 입력합니다. 하단에 있는 '위치'에서 '검색'을 클릭하면 데스크탑에서 파일을 보관할 위치를 선택할 수 있습니다. 로컬 폴더를 선택할 수도 있고 구글 드라이브나 아이클라우드 같은 클라우드 폴더를 선택할 수도 있습니다. 보관함 이름을 작성하고 위치를 선택했으면 '생성' 버튼을 클릭합니다. 만약 2개 설정을 완료하지 않으면 다음 단계로 넘어갈 수 없습니다.

- 도움말 보관함 열기는 옵시디언 활용법과 도움말, 그리고 예시를 볼 수 있습니다. 아쉽게도 도움말의 경우에는 아직 영어 버전만 지원합니다.

새로 설정한 보관함을 선택하면 이제 옵시디언의 기본 화면이 보입니다. 옵시디언은 세 부분으로 나누어져 있습니다. 왼쪽 사이드바에서는 각종 설정, 폴더 생성, 검색 기능 등을 사용할 수 있습니다. 중간 화면은 메모를 기록하는 노트입니다. 오른쪽 사이드바는 백링크 패널, 태그 패널, 목차 등을 표시해 줍니다.

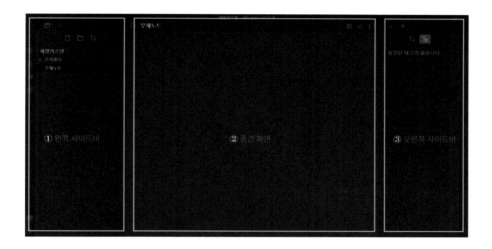

① 왼쪽 사이드바   ② 중간 화면   ③ 오른쪽 사이드바

옵시디언의 배경은 위의 그림처럼 검은색이 기본값입니다만, 이 책에서는 가독성을 위해 하얀색으로 바꿔보겠습니다. 방법은 아래와 같습니다(옵시디언의 다른 설정 방법들에 대해서는 4장에 자세히 설명되어 있습니다).

1. 왼쪽 사이드바에서 설정을 클릭한다.

2. 일반 설정 항목에서 테마를 선택한다.

3. 기본 테마를 다크에서 라이트로 변경한다.

배경색이 흰색으로 변경되었습니다. CSS를 활용하면 자신의 취향에 맞는 다른 배경색으로도 변경할 수 있습니다.

①

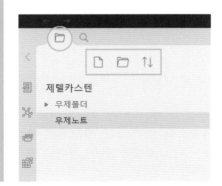

왼쪽 사이드바부터 살펴보겠습니다. 왼쪽 사이드바에는 파일을 관리하는 파일 탐색기가 있습니다. 파일 탐색기에서 신규 노트나 폴더를 만들고 정렬도 할 수 있습니다. 파일 탐색기 하단의 새 노트 아이콘을 클릭하면 '무제노트'가 만들어집니다. 새 폴더를 클릭하면 '무제폴더'가 만들어집니다. 노트는 메모를 작성할 수 있는 페이지이고, 폴더는 메모를 보관하는 곳입니다. 파일 탐색기에서는 폴더가 상위로 표시되고 노트가 하위에 표시됩니다.

①

왼쪽 사이드바에는 옵시디언에 저장된 노트들을 검색할 수 있는 검색창도 있습니다. 파일 탐색기 옆에 있는 돋보기 아이콘을 클릭하면 검색창이 열립니다. 검색창을 클릭하고 검색어를 입력하면 결과물이 출력됩니다. 검색 옵션은 다음 5가지입니다.

- Path:는 지정한 경로에 있는 노트를 검색합니다. 예를 들어 **path:제텔카스텐**이라고 입력하면 제텔카스텐 폴더에 있는 노트가 검색됩니다.
- File:은 지정한 파일의 이름이 있는 노트를 검색합니다. 예를 들어 **file:제텔카스텐**이라고 입력하면 제목에 '제텔카스텐'이 들어간 모든 노트가 검색됩니다.
- Tag:는 해시태그(#)로 만든 노트를 검색합니다. 예를 들어 **tag:#제텔카스텐**이라고 입력하면 '#제텔카스텐'이 포함된 모든 노트가 검색됩니다.
- Line():은 괄호 안의 검색어가 있는 문장을 검색합니다. 예를 들어 **line:(제텔카스텐)**이라고 입력하면 '제텔카스텐'이 포함된 문장이 검색됩니다.
- Section:()은 같은 헤더(제목 서체) 안에서 지정한 단어가 있는 단락을 검색합니다. 예를 들어 **section:(제텔카스텐)**이라고 입력하면 '제텔카스텐'이 포함된 단락이 검색됩니다.

검색으로 출력되는 결과물을 표시하는 방법도 설정할 수 있습니다. 검색창 위에 있는 6가지 메뉴는 다음과 같은 역할을 합니다.

- **Aa** 대소문자 맞춰서 검색: 대문자와 소문자를 구별하여 검색합니다. 예를 들어 이 설정을 켜기로 하면 Zettelkasten과 zettelkasten이 따로 검색이 됩니다. 끄기로 바꾸면 Zettelkasten과 zettelkasten 둘 다 검색이 됩니다.

- 검색어 설명: 검색 방법을 알려줍니다. 예를 들어 검색 옵션에서 path:로 검색하면 '파일 경로 검색'이란 문구가 표시됩니다. 검색 옵션을 tag:로 하면 '태그 검색'이라는 문구가 표시됩니다.
- 결과 접기: 결과 접기를 켜기로 설정하면 노트의 이름만 표시됩니다. 노트에서 검색된 검색어까지 보고 싶다면 끄기로 설정합니다.
- 문맥 더 보여주기: 문맥 더 보여주기는 검색어가 있는 단락을 보여줍니다. 검색어가 있는 단락을 보고 싶다면 켜고, 보고 싶지 않다면 끄기로 설정합니다.
- 파일 정렬하기: 파일을 이름 순으로, 수정한 시간 순으로, 생성한 시간 순으로 정렬할 수 있습니다.
- 검색 결과 복사하기: 검색된 결과를 복사할 수 있습니다. 검색 결과 복사에는 3가지 옵션이 있습니다. 첫 번째는 '경로보기'로 파일이 있는 전체 경로를 볼 수 있습니다. 두 번째는 '링크 종류'로 링크를 위키링크(백링크)나 마크다운 링크로 설정할 수 있습니다. 세 번째는 목록 앞에 줄표, 별표, 숫자를 넣을 수 있습니다. 결과 복사하기를 하면 이 설정값들에 따라 검색 결과가 복사됩니다.

①

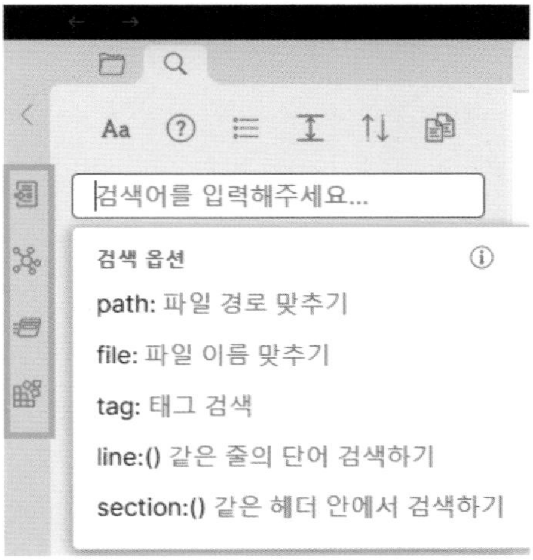

왼쪽 사이드바에 있는 또 다른 기능은 바로가기 아이콘들입니다. '빠른 파일 변경 열기', '그래픽 뷰 열기', 커맨드 팔레트 열기', '마크다운 임포터 열기'가 기본값으로 설정되어 있습니다. 그 외에 '템플릿 삽입', '일간 노트', 'Zettelkasten 노트 만들기' 등의 아이콘을 추가할 수 있습니다. 각 아이콘의 기능은 다음과 같습니다.

- 빠른 파일 변경 열기: 신규 노트를 만들거나 기존에 작성한 노트로 바로 이동할 수 있는 기능입니다.

열거나 만들 파일 이름을 입력해주세요...

무제노트

↑↓ 파일 선택   ↵ 파일 열기   **ctrl** ↵ 새로운 패널에 열기   **shift** ↵ 파일 만들기   **esc** 닫기

- 그래픽 뷰 열기: 옵시디언에서 작성한 메모들을 그래픽 뷰로 보여줍니다. 메모가 [[ ]]를 통해 백링크로 연결되어 있으면 메모와 메모 사이에 선이 연결됩니다. 반면 어떤 백링크도 없는 메모는 고립된 노트로 표시됩니다. 그래픽 뷰에서 원하는 메모만 보고 싶다면 왼쪽 상단에 있는 필터를 활용해 보세요. 파일의 이름, 경로 등으로 필터링해서 원하는 메모만 검색할 수 있습니다. 예를 들어 필터 탭에서 '고립노트'를 켜면 다른 메모와 연결이 안 된 메모들이 외곽에 표시됩니다. 또한 그룹 탭에서는 메모들을 그룹으로 묶어서 색을 변경할 수도 있습니다.

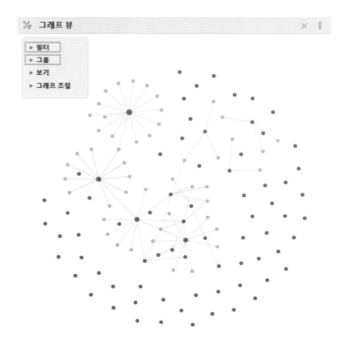

- 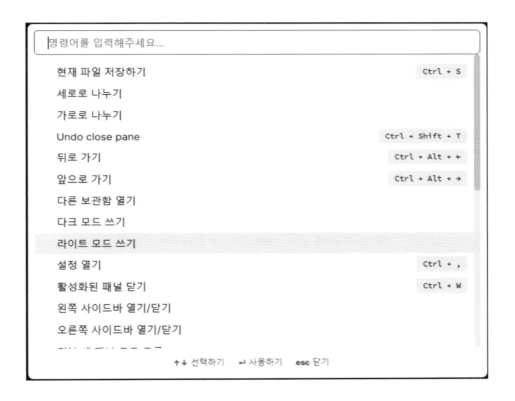 커맨드 팔레트 열기: 옵시디언에서 사용할 수 있는 명령어와 단축키가 표시됩니다. 일부의 명령어는 단축키가 이미 설정되어 있습니다. 단축키를 변경하고 싶다면 설정의 '단축키'에서 자신에게 맞는 단축키를 지정해 보세요.

- 마크 다운 임포터: 롬 리서치나 베어(Bear)에서 사용하던 파일을 변환하여 옵시디언 환경에서 사용 가능하도록 전환해 줍니다 이 기능은 다른 앱을 사용하다가 옵시디언으로 전환한 사용자들에게 유용한 기능입니다.

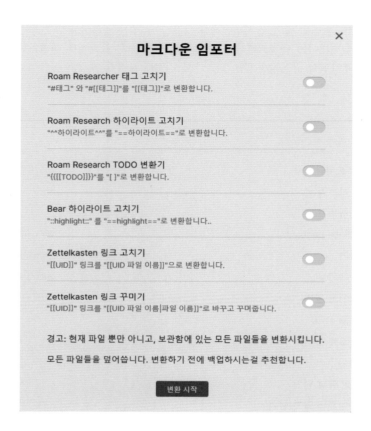

마지막으로 왼쪽 아래에 있는 3개의 아이콘에 대해 설명하는 것으로 왼쪽 사이드바에 대한 설명을 마치겠습니다.

- 다른 보관함 열기: 옵시디언 설치 후에 처음 나왔던 보관함 설정 메뉴를 다시 불러올 수 있습니다. 여기서 새로운 보관함을 만들거나 다른 보관함으로 이동할 수 있으며 보관함 목록은 옵션 창의 왼쪽 사이드에서 확인할 수 있습니다.
- 도움말: 옵시디언에서 제공하는 기본 도움말입니다. 영문 버전만 있고 한글 버전은 아직 없습니다.
- 설정: 옵시디언에서 필요한 기능을 켜거나 끌 수 있고, 파일의 보관 위치를 변경할 수 있습니다. 제텔카스텐 시스템 구축에 필요한 설정은 4장에서 자세히 다루겠습니다.

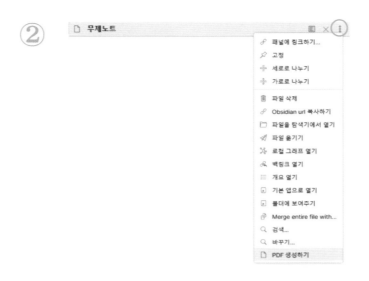

중간 화면은 말 그대로 글을 쓰는 공간입니다. 글을 쓰는 방법은 마크다운 기반의 일반 메모 앱들과 동일합니다. 즉, 이 공간에서 텍스트를 입력하거나 삭제할 수 있고 백링크 기호 [[ ]]를 사용해서 다른 노트와 연결할 수도 있으며, 임베드 기능으로 이미지 파일이나 PDF 등을 볼 수도 있습니다. 그런데 옵시디언은 다른 메모 앱들과는 다르게 편집뷰와 프리뷰 기능을 제공합니다. 편집뷰에서 텍스트를 입력하고 프리뷰로 전환하면 자신이 마크다운 형식으로 쓴 메모가 최종적으로 어떻게 표시되는지 확인할 수 있습니다. 그럼 이제 노트에서 사용할 수 있는 메뉴들을 살펴보겠습니다. 노트 오른쪽 상단의 **더보기**를 클릭하면 다음과 같은 메뉴들이 나옵니다.

- **패널에 링크하기**: 2개 이상의 노트가 한 화면에 있을 때만 적용되는 기능입니다. Ctrl키를 누른 상태에서 새 노트 만들기를 클릭하면 화면이 분리되면서 복수의 노트가 생성되는데 이때 어떤 한 노트에서 '패널에 링크하기'를 클릭하면 주변의 다른 노트를 선택해서 서로 연결시킬 수 있습니다. 이때 상단 바에 링크 표시가 생기며 두 노트가 동기화됩니다. 주로 두 개의 노트를 편집뷰와 프리뷰로 동시에 보면서 작업할 때 사용됩니다.
- **고정**: 고정으로 설정한 노트는 다른 노트를 선택해도 바뀌지 않습니다. 한 개의 노트를 계속해서 사용해야 할 때 사용할 수 있는 기능입니다.
- **세로로 나누기**: 노트의 세로 방향에 현재의 노트가 추가로 만들어집니다.
- **가로로 나누기**: 노트의 가로 방향에 현재의 노트가 추가로 만들어집니다.
- **파일 삭제**: 현재 작업하고 있는 노트의 파일이 삭제됩니다.
- **Obsidian url 복사하기**: 현재 작업하고 있는 페이지의 URL을 복사합니다. URL은 웹주소가 아니라 로컬에 저장된 파일의 위치입니다.

- 파일을 탐색기에서 열기: 현재 작업하고 있는 파일이 데스크탑의 파일 탐색기 로컬 폴더에서 열립니다.
- 파일 옮기기: 현재 작업하고 노트를 다른 폴더로 옮깁니다.
- 로컬 그래프 열기: 새로운 창에 현재의 노트를 중심으로 연결되어 있는 다른 노트들을 그래프로 표시합니다.
- 백링크 열기: 새 창에 백링크 패널을 만들어 현재의 페이지와 연관성이 있는 페이지를 출력합니다.
- 개요 열기: 개요 패널을 열어서 헤더를 기준으로 목차를 만듭니다.
- 기본 앱으로 열기: 데스크탑의 마크다운 편집기에 현재 작업하고 있는 파일을 엽니다. 옵시디언에서 만드는 노트는 마크다운 파일이기 때문입니다.
- 폴더에서 보여주기: 데스크탑의 파일 탐색기를 열어 현재의 파일을 보여줍니다.

②

오른쪽 상단의 편집뷰/프리뷰 아이콘을 클릭하면 노트가 편집가능/읽기전용으로 전환됩니다. 그런데 편집뷰와 프리뷰는 한 개의 노트 화면에서 동시에 사용할 수 없으며 단축키 ctrl + e를 통해 빠르게 전환하는 것은 가능합니다. 편집뷰와 프리뷰를 활용하는 또 다른 방법은 두 개의 노트 창을 만들어서 각각 편집뷰와 프리뷰로 사용하는 것입니다. 예를 들어 노트의 메뉴에서 '세로로 나누기'를 통해 두 개의 노트창을 만든 다음, 왼쪽 창은 편집뷰, 오른쪽 창은 프리뷰로 설정합니다. 이렇게 하면 왼쪽 편집뷰에서 텍스트를 입력하고 오른쪽 프리뷰에서 결과물을 확인할 수 있습니다. 모니터의 해상도에 따라 3개, 4개로 노트 창을 나누어서 여러 개의 노트를 활용하면 작업의 속도를 증가시킬 수도 있습니다.

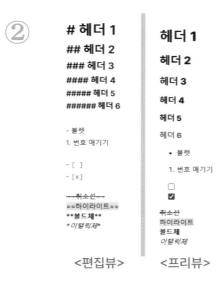

옵시디언 앱이 일반 노트앱과 다른 점이 있다면 텍스트 편집창이 없다는 겁니다. 대신 마크다운 문법을 조금만 알고 있어도 꽤 다채로운 편집 효과를 낼 수 있습니다. 마크다운을 처음 접하는 사람은 다소 어렵게 느껴질 수도 있지만 익숙해지면 오히려 복잡한 편집 메뉴들 없이 심플하고 직관적으로 메모를 빠르게 써내려 갈 수 있습니다. 여기서는 텍스트 편집에 자주 사용하는 기본적인 마크다운 문법 몇 가지만 살펴보겠습니다.

- 헤더: 헤더는 제목으로 사용되는 문자를 말합니다. 줄의 맨 왼쪽에 #을 입력하고 한 칸을 띄우고 텍스트를 입력하면 헤더가 만들어지는데 위의 그림처럼 # 개수에 따라 헤더1부터 헤더6까지 사용할 수 있습니다. # 헤더1이 가장 큰 글씨이자 최상위 제목, 그리고 ## 헤더2부터 차례대로 크기가 작아지면서 하위 제목이 됩니다. 설정에서 헤더접기를 선택하면 헤더를 접거나 펼 수 있습니다. 그리고 헤더는 개요 패널에서 노트의 목차를 만드는 데 사용됩니다.

- 리스트 만들기: 문장 앞에 **대시(-)**를 입력하고 한 칸 띄운 뒤 내용을 입력하면 이후 행갈이를 할 때마다 목록이 형성됩니다. 그리고 1.을 입력하고 한 칸 띄운 뒤 내용을 입력하면 역시 행갈이를 할 때마다 번호순으로 목록이 만들어집니다. 이런 목록은 문장을 정리하거나 요약할 때 유용합니다.

- 할 일 목록: 문장 앞에 - [ ]를 입력하면 할 일 목록이 만들어집니다. 할 일 목록을 만들 때는 주의해야 할 점이 있습니다. 첫째는 반드시 문장의 맨 앞에 - [ ]를 입력하고 한 칸 띄어야 할 일 목록이 만들어집니다. 문장 중간에서 입력하면 생성되지 않습니다. 둘째는 할 일 목록은 프리뷰에서만 체크박스가 보이고 편집뷰에서는 - [ ]로 표시됩니다. 할 일 목록에

완료를 표시하려면 편집뷰에서 - [x]로 표시하거나 프리뷰에서 체크박스를 마우스로 클릭하면 됩니다. 그러면 체크박스에 완료로 표시되고 텍스트에는 취소선이 만들어집니다.

- 취소선: 문장이나 단어 앞뒤에 ~~를 입력하면 텍스트의 중간에 줄이 그어집니다. 예를 들어 ~~취소선~~ 처럼 입력합니다. 취소선 확인은 프리뷰와 편집뷰 둘 다 가능합니다.
- 하이라이트: 문장이나 단어 앞뒤에 ==를 입력하면 형광펜으로 칠한 효과가 납니다. 예를 들어 ==하이라이트== 처럼 입력합니다. 하이라이트 확인은 프리뷰와 편집부 둘 다 가능합니다.
- 볼드체: 문장이나 단어 앞뒤에 **를 입력하면 강조하는 의미의 볼드체가 나타납니다. 예를 들어 **볼드체** 처럼 입력합니다. 볼드체 확인은 프리뷰와 편집부 둘 다 가능합니다.
- 이탤릭체: 문장이나 단어 앞뒤에 *를 입력하면 이탤릭체가 나타납니다. 이탤릭체는 *이 한 개이고 볼드체는 *이 두 개입니다. 예를 들어 *이탤릭체* 처럼 입력합니다. 이탤릭체 확인은 프리뷰와 편집뷰 둘 다 가능합니다.

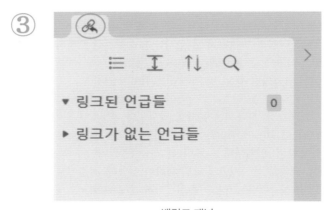

백링크 패널

오른쪽 사이드바에는 백링크 패널, 태그 패널, 개요 패널이 있습니다. 기본값은 백링크 패널입니다. 태그 패널과 개요 패널은 설정에서 추가해야 합니다. 태그 패널과 개요 패널은 4장의 주요 플러그인 항목에서 자세히 다루기로 하고 여기서는 간단히 그 기능만 살펴보겠습니다.

- 백링크 패널: 백링크 패널은 노트에서 백링크 [[ ]]로 연결되어 있는 페이지의 목록을 보여주는 기능입니다. 백링크 패널에는 '링크된 언급들'과 '링크가 없는 언급들' 두 가지가 있습

니다. 링크된 언급들은 현재 작업하고 있는 노트가 백링크로 언급되어 있는 페이지 목록을 보여줍니다. 예를 들어 현재 작업하고 있는 페이지가 '노트1'이라고 가정해 보겠습니다. 만약 '노트2'를 작업할 때 백링크로 [[노트1]]을 연결해 두었다면 '노트1'의 링크된 언급들에 '노트2'가 표시됩니다. 이 기능은 노트와 연결되어 있는 다른 노트들을 찾을 때 유용하며 연결된 노트의 개수는 오른쪽에 표시됩니다. '링크가 없는 언급들'은 백링크 [[ ]]로 연결되어 있지 않지만 정확하게 맞는 단어나 에일리어스(Aliases) 기능으로 매칭된 노트들을 보여줍니다. 예를 들어 노트1에 **제텔카스텐**이라는 단어를 입력했다면 백링크가 없더라도 **제텔카스텐**이 언급된 다른 노트들이 '링크가 없는 언급들'에 표시됩니다. 이때 메모를 연결할 필요가 있다면 '링크걸기'를 클릭해서 두 개의 노트를 링크할 수 있습니다.

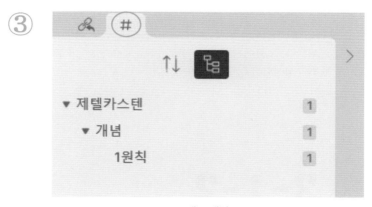

태그 패널

- 태그 패널: 태그 패널은 해시태그(#)를 사용하여 만든 태그의 목록을 보여주는 패널입니다. 노트에서 해시태그(#) 뒤에 어떤 단어를 입력하면 바로 태그 패널 창에 표시가 되고 태그가 사용된 갯수도 표시됩니다. 예를 들어 #제텔카스텐이라고 입력하면 태그 패널에 전체 메모에서 이 태그가 언급된 숫자가 표시됩니다. 그런데 옵시디언 태그에는 다음과 같은 2가지 특징이 있습니다. 첫 번째는 태그 트리 구조를 만들 수 있습니다. 즉 해시태그로 태그를 만들 때 /를 사용하면 태그의 상하구조를 만들 수 있는데, 예를 들어 **#제텔카스텐/개념/1원칙**이라고 입력하면 위의 그림처럼 표시가 됩니다. 여기서 상위 개념에 토글이 생겨서 하위 개념을 접거나 펼 수 있습니다. 그리고 태그 오른쪽에는 태그가 언급된 노트의 숫자가 표시됩니다. 두 번째 특징은 태그를 클릭하면 왼쪽 사이드바에 해당 태그가 있는 노트가 검색되어 특정 태그를 검색어로 활용할 수 있다는 점입니다.

③

개요 패널

• 개요 패널: 개요 패널은 노트의 헤더를 목차로 표시합니다. 헤더1이 최상위로 표시되고 헤더6이 최하위로 표시됩니다. 예를 들어 노트에 헤더1부터 헤더6까지 입력되어 있다면 위와 같이 표시됩니다. 노트에서 목차를 따로 만들 필요 없이 이렇게 개요 패널을 활용하면 자동으로 목차가 생성되어 상당히 유용합니다.

3-1-2

모바일 앱 설치

옵시디언 모바일 앱은 2021년 7월 7일에 출시되었습니다. 모바일 앱은 안드로이드의 플레이스토어와 iOS의 앱스토어에서 다운로드 받을 수 있습니다. 2021년 10월 기준, 안드로이드와 iOS 모두 1.0.4 버전이 최신 버전입니다. 안드로이드의 경우 최소 사양은 5.0 이상이고, iOS의 경우에는 최소 12.1 이상의 버전에서 사용할 수 있습니다. 만약 스마트폰이나 태블릿PC에서 옵시디언 모바일 앱이 검색이 안 된다면, 최소사양에 부합하지 않는 것입니다. 상위 버전의 스마트폰이나 태블릿PC를 사용해 보세요.

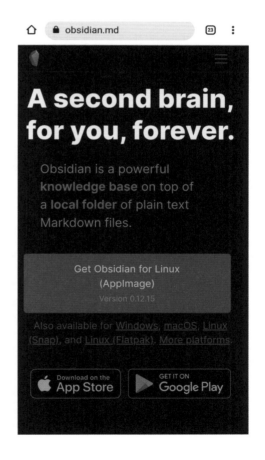

다운로드 받을 수 있는 방법은 두 가지입니다. 첫 번째는 스마트폰이나 태블릿PC에서 안드로이드의 플레이스토어, 혹은 iOS의 앱스토어를 열고 '옵시디언'을 검색하면 옵시디언 모바일 앱을 다운받을 수 있습니다. 두 번째 방법은 스마트폰의 웹브라우저로 옵시디언 홈페이지(obsidian. md)를 방문하여 홈페이지 중간에 있는 플레이스토어나 앱스토어 버튼을 클릭하는 겁니다. 그러면 옵시디언을 따로 검색하지 않아도 옵시디언을 바로 다운로드 받을 수 있습니다. 모바일 앱을 사용할 때 주의해야 할 사항은, 롬 리서치나 노션과는 다르게 옵시디언은 로컬 기반 앱이기 때문에 데스크탑용 앱과 실시간으로 동기화가 되지 않는다는 점입니다. 동기화를 하기 위해서는 옵시디언의 유료 동기화 서비스나 클라우드 서비스를 사용해야 합니다.

모바일 앱을 다운로드 받아서 실행하면 옵시디언 설정 페이지가 나옵니다. 설정 페이지에는 다음 3가지 메뉴가 있습니다.

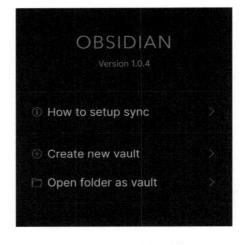

- How to setup sync: 싱크를 설정하는 방법을 안내해줍니다.
- Create new vault: 새로운 보관함을 만드는 설정입니다. 이 설정을 클릭하면 새로운 옵션 페이지가 열립니다. 옵션 페이지 Valut name에 보관함의 이름을 입력합니다. 그리고 Vault location의 'Choose'를 선택하면 스마트폰이나 태블릿PC의 내부 파일 시스템으로 이동하여 Documents이 기본값으로 선택됩니다. 'Documents에 엑서스하도록 허용'을 클릭하면 Documents가 옵시디언 폴더로 사용됩니다. 만약 다른 폴더를 옵시디언 폴더로 사용하고 싶다면 파일 탐색기에서 새로운 폴더를 만들거나 다른 폴더를 선택한 후에 '액세스하도록 허용'을 클릭하세요. 이후 권한 설정을 묻는 질문에서 '허용'을 선택한 다음 설정 페이지로 돌아와서 create를 클릭하면 폴더 설정이 완료됩니다.

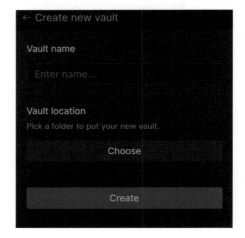

- Open folder as vault: 기존에 사용하고 있던 폴더를 보관함으로 사용합니다. 기본값인 Documents 폴더를 사용해도 되고 파일 탐색기에서 원하는 폴더를 선택하여 '엑세스 하도록 설정'을 클릭하고 승인하면 됩니다. 아니면 이 메뉴에서도 새로운 폴더를 만들어 보관함으로 활용할 수 있습니다.
- (모바일 버전도 Options > Appearance > Base theme에서 Light를 선택하면 바탕화면을 흰색으로 전환할 수 있습니다).

보관함 설정이 완료되면, 설정 페이지 목록에 보관함이 나타납니다. 그리고 이 새로 만든 보관함을 클릭하면 다음 메뉴들이 등장합니다.

- Enter vault: 보관함으로 이동합니다.
- Rename vault: 보관함의 이름을 바꿉니다.
- Forget vault: 설정 페이지에서 보관함을 삭제합니다. 하지만 보관함의 데이터는 삭제되지 않습니다.
- Delete vault: 보관함을 완전히 삭제합니다. 보관함을 삭제하면 복구가 안 됩니다. 삭제할 보관함이 맞는지 꼭 확인하고 삭제해 주세요.

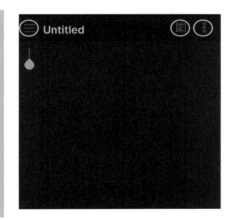

옵시디언 모바일 앱은 아직 영어 버전만 제공되고 있지만 데스크탑 앱과 구조가 거의 유사하기 때문에 테스크탑 앱을 몇 번 사용해 본 사람이라면 한국어 메뉴와 영문 메뉴를 대비하면서 그다지 어렵지 않게 적응할 수 있을 겁니다.

- 프리뷰와 편집뷰로 전환할 수 있는 아이콘: 데스크탑 앱과 동일하게 프리뷰나 편집뷰를 사용할 수 있습니다.

- ▤ 왼쪽 상단 아이콘: 이 아이콘을 클릭하면 데스크톱 앱과 동일한 그래픽 뷰, 커맨더 팔레트 열기, 마크다운 임포터 열기 등이 나옵니다. 설정에 따라 일간노트, 템플릿 삽입 등의 아이콘도 추가할 수 있습니다. 왼쪽 하단에는 다른 보관함 열기, 도움말, 설정 아이콘 등이 있습니다.
- ⦿ 오른쪽 상단 아이콘: 이 아이콘을 클릭했을 때 나타나는 메뉴들은 데스크탑 앱의 오른쪽 사이드바 메뉴와 거의 유사합니다. 다만 기능상 모바일에서 구현할 수 없는 몇몇 기능이 빠졌을 뿐입니다.

그 밖에 모바일 앱이 데스크탑 앱과 다른 점은 다음과 같습니다.

- 모바일 앱과 데스크탑 앱의 가장 큰 차이는 텍스트 편집창의 유무입니다. 데스크탑 앱에서는 마크다운 언어를 하나하나 입력해야 하지만 모바일에서는 옆의 그림과 같은 텍스트 편집창으로 좀 더 손쉽게 마크다운 언어를 활용할 수 있습니다. 이동 시 메모를 작성할 때 꽤 편리한 기능입니다.

- 화면의 제약 때문에 모바일 앱은 왼쪽 사이드바와 오른쪽 사이드바가 숨겨져 있습니다.
- 패널의 위치가 다릅니다. 데스크탑 버전에서 백링크 패널, 태그 패널, 개요 패널은 모두 오른쪽 사이드바에 있습니다. 하지만 모바일 버전은 백링크와 개요 패널은 오른쪽 사이드바, 태그 패널은 왼쪽 사이드바에 있습니다. 태그 패널의 위치만 다를 뿐이지 데스크탑 앱이나 모바일 앱이나 그 기능은 동일합니다.
- 데스크탑 앱에서는 노트를 가로로 나누거나 세로로 나눌 수 있지만 모바일 앱은 화면의 제약상 노트를 가로나 세로로 나눌 수 없습니다. 따라서 모바일 앱은 주로 텍스트 입력을 위주로 사용하고 수정이 필요하면 데스크탑 앱에서 작업하는 것이 좋습니다.

지금까지 옵시디언의 테스크탑 앱과 모바일 앱을 모두 살펴봤습니다. 두 앱은 상호보완적입니다. 예를 들어 버스를 타고 가다가 갑자기 떠오른 생각을 모바일 앱으로 기록한 뒤, 집으로 돌아와 책상에 앉아서 데스크탑 앱으로 차분하게 영구보관용 메모로 발전시키는 겁니다. 모바일과 테스크 탑을 따로 생각하지 말고 나의 생활습관에 맞게 조화롭게 운용하시기 바랍니다.

3-2

블록 레퍼런스

　　블록 레퍼런스는 다른 노트에 있는 메모 전체나 일부를 현재 작업하고 있는 페이지로 불러오는 기능입니다. 즉, 현재 작성하고 있는 노트에 다른 노트의 미리보기를 만드는 것입니다. 블록 레퍼런스를 활용하면 작업 중인 메모의 신빙성을 높이거나 논리를 탄탄하게 만들 수 있는 인용구, 관련 내용 등을 일일이 복사하여 붙여넣기 하지 않아도 됩니다. 또한 블록 레퍼런스로 불러온 메모는 수정과 편집이 되지 않기 때문에 원본 텍스트가 손상되지 않습니다. 블록 레퍼런스를 사용하는 방법은 다음 3가지입니다.

전체 미리보기

편집뷰에서 미리보기 하고 싶은 메모를 백링크 [[ ]]로 표시하고 백링크 앞에 !를 붙이세요. 그러면 프리뷰에서 메모 전체를 미리 볼 수 있습니다.

![[메모상자는 통찰력을 얻을 수 있는 도구]]

메모상자는 통찰력을 얻을 수 있는... 🔗

출처 : <u>도서 제텔카스텐</u>
저자 : <u>숀케 아렌스</u>
URL :
인용 : 통찰력은 쉽게 얻어지는 것이 아니며, 글쓰기란 단지 주장을 피력하는 데만 쓰이는 것이 아니라 공유할 가치가 있는 **통찰을 성취하기 위한 주요 도구임을 잘 알고 있는 여러분을 위한 책**이라는 말이다. 21쪽

생각의 연결고리

분야 : <u>#800문학/810문장작접/811제텔카스텐</u>
키워드 : <u>제텔카스텐, 제텔카스텐의 개념, #제텔카스텐/what/</u>
<u>제텔카스텐의_개념</u>

<편집뷰>　　　　　　　　　　<프리뷰>

일부 미리보기

백링크 [[ ]] 안에 불러 올 메모의 제목을 입력하고 맨 뒤에 ^(캐럿)을 입력합니다. 그러면 아래의 그림처럼 옵션 상자가 열리면서 해당 메모에 포함된 항목들이 나열됩니다. 여기에서 하나를 선택하면 고유 링크 번호가 생성됩니다. 이제 백링크 [[ ]] 앞에 !를 입력하고 프리뷰로 전환하면 선택한 항목만 미리보기 할 수 있습니다.

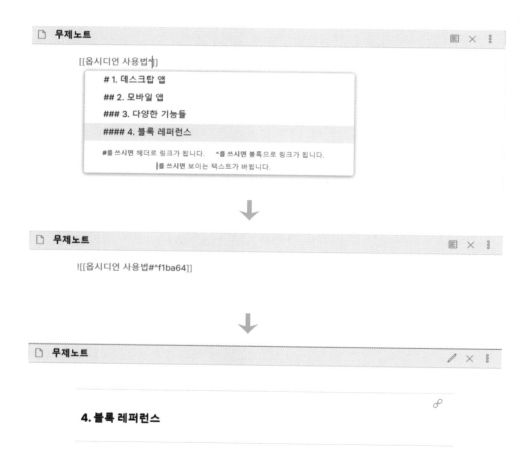

요약하여 링크 걸기

이번에는 불러 오고자 하는 메모의 어떤 항목을 한 문장으로 요약하여 링크를 생성해 봅시다. 아래의 그림처럼 고유 링크 번호 뒤에 |(버티컬 바)를 입력하고 해당 항목의 내용을 한번에 파악할 수 있는 적절한 문장을 씁니다. 앞서 살펴본 방법들과 다른 점은 백링크 앞에 !를 입력하지 않는다는 것입니다. 이제 프리뷰로 전환하면 버티컬 바 뒤에 입력한 내용만 보이게 되고, 이것을 클릭하면 해당 항목으로 바로 연결됩니다.

[[옵시디언 사용법#^f1ba64|블록레퍼런스는 제텔카스텐 시스템에 꼭 필요한 기능이다]]

블록레퍼런스는 제텔카스텐 시스템에 꼭 필요한 기능이다

옵시디언 사용법

1. 데스크탑 앱

2. 모바일 앱

3. 다양한 기능들

4. 블록 레퍼런스

3-3

다채로운 메모를 위한 추가 기능들

메모가 모두 같은 모습일 필요는 없습니다. 수학을 공부하는 학생에겐 수식이 가득 담긴 메모들이 많을 테고 디자이너의 메모에는 이미지들이 자주 등장할 겁니다. 마크다운 기반의 옵시디언은 화려하지는 않지만 이런 다양한 분야의 메모들을 모두 표현할 수 있는 기능들을 제공하고 있습니다. 일종의 프로그램 언어인 마크다운은 여타 언어들이 그렇듯 처음의 낯섦을 극복하기만 하면 매우 빠른 속도로 자신이 원하는 것들을 표현할 수 있습니다. 다음의 예시들을 차근차근 따라해 보면 금세 익숙해 질 겁니다. 더 이상 머뭇거리지 말고 당신의 메모를 다채롭게 만들어 보세요.

링크기능

옵시디언은 내부 링크와 외부 링크를 모두 제공합니다. 내부 링크는 [[ ]]로 다른 노트를 연결하는 것이고, 외부 링크는 ( )를 사용하여 지정한 웹주소로 이동하는 것입니다. 내부 링크를 만드는 방법은 겹대괄호 [[ ]] 사이에 노트의 이름을 입력하는 것인데, 이때 주의할 점을 노트의 이름을 정확하게 입력해야 한다는 것입니다. 마침표, 빈칸까지 정확하게 일치해야 하며 그렇지 않으면 새로운 노트가 만들어지게 됩니다. 예를 들어 [[노트1]]과 [[노트 1]]은 다른 노트입니다. 따라서 내부 링크를 연결할 때는 사전에 링크할 페이지 제목을 정확히 확인해야 합니다. 외부 링크는 [이름](웹주소)의 형태로 입력합니다. 예를 들어 [Obsidian](https://obsidian.md)처럼 입력하면, Obsidian 홈페이지로 바로 이동할 수 있는 링크가 생성됩니다. 메모 작성 시 참고해야 할 웹 페이지가 있다면 이 외부 링크를 사용해 보세요.

임베드

임베드는 옵시디언에 이미지, PDF, 동영상 등을 삽입하는 기능입니다. 메모를 작성하다 보면 참고해야 할 첨부파일이나 미디어 파일이 생기는데 바로 이때 임베드 기능이 유용합니다. 첨부파일을 임베드 하는 방법은 두 가지입니다. 첫 번째는 그냥 파일을 드래그하여 메모로 이동시키는 것입니다. 이미지 파일 등을 메모에 삽입할 때 유용합니다. 두 번째는 겹대괄호 [[ ]]를 사용하는 방법입니다. 파일이 로컬 폴더에 있는 경우에는 [[ ]]에 입력을 하고, 웹 페이지에 있는 경우에는 외부링크 [ ]( )를 사용해서 파일을 첨부합니다. 예를 들어 [[노트1.txt]], [옵시디언 샘플](https://obsidian.md/images/screenshot.png)와 같이 입력을 하면 해당 파일이 메모에 삽입됩니다. 그리고 이미지 파일의 경우에는 [[ ]] 앞에 !를 입력하면 메모의 프리뷰에서 이미지가 표시됩니다. 만약, !가 없다면 파일명으로 보입니다. 또한 이미지 파일이 커서 사이즈를 100픽셀로 줄이고 싶다면 ![옵시디언 샘플|100](https://obsidian.md/images/screenshot.png)이라고 입력하면 아래의 그림처럼 크기가 줄어듭니다.

<편집뷰>	<프리뷰>
[[내부링크]] [외부링크](http://obsidian.md)	내부링크 외부링크
[[노트1.txt]] [옵시디언 샘플](https://obsidian.md/images/screenshot.png) ![옵시디언 샘플](https://obsidian.md/images/screenshot.png) ![옵시디언 샘플|100](https://obsidian.md/images/screenshot.png)	노트1.txt 옵시디언 샘플

인용구 블록

인용구 블록은 메모에 인용구를 삽입하는 기능입니다. 편집뷰에서 문장 맨 앞에 >를 입력하고 텍스트를 입력하면 인용구 블록이 만들어지는데, 예를 들어 **>인용구 블록**이라고 입력한 뒤 설명을 추가하면 아래와 같은 결과가 나옵니다.

> 인용구 블록
>
> 인용구 블록은 메모에 인용구를
  삽입하는 기능입니다.

인용구 블록

인용구 블록은 메모에 인
용구를 삽입하는 기능입
니다.

<편집뷰>   <프리뷰>

인라인 코드

인라인 코드는 특정 문장이나 단어를 검은색 상자 안의 빨간 글씨, 즉 코드 형태로 표시해 주는 기능입니다. 코드를 입력하거나 특정 문장이나 단어를 강조할 때 사용할 수 있습니다. 인라인 코드를 만드는 방법은 문장이나 단어 앞뒤에 `(키보드의 왼쪽 탭 위에 있는 백틱스)를 붙여넣는 것입니다. 예를 들어, `인라인 코드`라고 입력하면 다음과 같이 표시됩니다.

`인라인 코드`   인라인 코드

<편집뷰>   <프리뷰>

표

옵시디언에서도 간단한 표를 만들 수 있습니다. 표는 버티컬 바(|)와 대시(-)를 이용해서 만듭니다. 버티컬 바(|)는 표의 세로줄을 만들고, 대시(-)는 가로줄을 만듭니다. 예를 들어 아래와 같이 입력하고 프리뷰를 선택하면 표가 등장하게 됩니다.

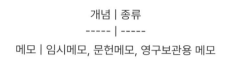

메모 | 임시메모, 문헌메모, 영구보관용 메모

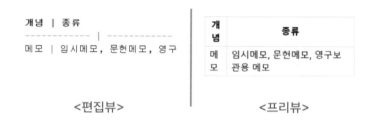

<편집뷰>   <프리뷰>

각주

옵시디언에서는 각주 기능도 사용할 수 있습니다. 각주는 사용하려면 두 가지 설정이 필요합니다. 첫 번째는 각주의 번호를 매기는 것이고 두 번째는 각주의 내용을 입력하는 것입니다. 각주의 번호는 대괄호 [ ] 안에 ^(캐럿)과 번호, 예를 들어 [^1]처럼 입력하면 됩니다. 번호 외에 [^각주]나 [^reference]처럼 텍스트로도 입력이 가능합니다만 프리뷰로 보면 텍스트로 입력된 각주도 번호 순서에 따라 표기됩니다. 이제 각주의 내용을 입력할 차례입니다. 행갈이를 하여 위와 똑같이 대괄호 안에 **^번호**를 다시 한번 쓰는데 이번에 주의해야 할 점은 아래의 예시처럼 대괄호 [ ] 바로 다음에 콜론을 붙여야 합다는 겁니다. 만약 대괄호와 콜론 사이에 간격이 있으면 각주가 만들어지지 않습니다. 콜론 뒤에 각주의 내용을 작성하고 프리뷰로 전환하면 아래의 그림처럼 문서의 각주가 위첨자 번호로 전환되고 메모 하단에 그 내용이 보이게 됩니다.

[^1]: 옵시디언의 각주 - 올바른 예
[^1] : 옵시디언의 각주 - 틀린 예

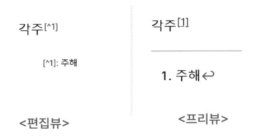

각주[^1]

[^1]: 주해

<편집뷰>

각주[1]

1. 주해↵

<프리뷰>

수학 블록

수학 블록으로 수학 기호도 표시할 수 있습니다. 옵시디언은 Mathjax를 사용하여 수학기호를 표시하는데, Mathjax는 LaTex 문법을 사용할 수 있게 도와주는 오픈 소스 자바스크립트 엔진입니다. 다음 페이지 그림처럼 수학블록은 $$와 $$ 사이에 Latex 문법을 입력하면 되는데 더 자세한 활용법은 http://docs.mathjax.org/en/latest/basic/mathjax.html 페이지를 참고하시기 바랍니다.

$$\begin{vmatrix}a & b\\
c & d
\end{vmatrix}=ad-bc$$

```
$$\begin{vmatrix}
a & b\\
c & d
\end{vmatrix}=ad-bc$$
```

$$\begin{vmatrix} a & b \\ c & d \end{vmatrix} = ad - bc$$

<편집뷰>   <프리뷰>

숨김기능

숨김기능은 특정 문장이나 단어가 편집뷰에서는 보이지만 프리뷰에서는 안 보이도록 만드는 기능입니다. 부연 설명이나 불필요한 부분을 프리뷰에서 보고 싶지 않을 때 사용할 수 있습니다. 숨김기능을 사용하는 방법은 문장이나 단어 앞뒤에 %%를 입력하면 됩니다. 예를 들어 **%% 숨김기능 %%**이라고 입력하면 아래의 예시처럼 편집뷰에서는 보이고, 프리뷰에서는 보이지 않습니다.

%%숨김기능%%

<편집뷰>   <프리뷰>

웹 클리퍼

웹 클리퍼는 인터넷에서 유용한 자료나 정보를 발견했을 때, 옵시디언으로 복사하는 기능입니다. 예를 들어 인터넷 신문을 읽다가 발견한 중요한 내용이나 인터넷 커뮤니티 사이트에서 찾은 좋은 정보를 옵시디언으로 스크랩하는 겁니다. 이때 복사한 내용은 마크다운에 맞게 전환되어 메모로 만들어지며, 이 메모에 나의 생각을 추가하거나 불필요한 부분을 삭제할 수 있습니다. 옵시디언 웹클리퍼가 지원하는 웹 브라우저는 구글 크롬, 파이폭스, 마이크로소프트 엣지입니다. 각 브라우저의 확장 프로그램에서 검색을 통해 웹 클리퍼를 찾거나 옵시디언의 도움말 페이지(https://help.obsidian.md/How+to/Capture+information)에 있는 링크로 각 브라우저의 확장 프로그램에서 웹클리퍼를 다운로드 받을 수 있습니다. 크롬 웹 클리퍼를 사용할 경우에는 웹 클리핑한 페이지가 마크다운 파일로 전환되어 다운로드 되는데, 이때 옵시디언으로 바로 옮겨지는 것이 아니라 클리핑한 파일을 다운로드 폴더에서 옵시디언 폴더로 이동시켜 사용해야 합니다.

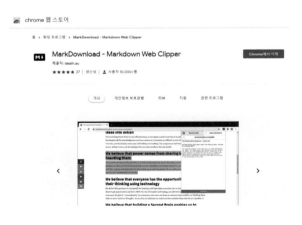

크롬 웹 클리퍼 다운로드 페이지

니클라스 루만
[[Niklas Luhmann]]
1927~1998

독일의 어느 평범한 양조장 집 아들로 태어나 법학을 전공한 뒤 공무원이 됨. 그러나 많은 사람들을 상대해야 하는 공무원 생활은 적성에 맞지 않았고 퇴근하면 무조건 집으로 직행해 철학, 조직이론, 사회학 분야와 관련된 책들을 탐독함. 책을 읽으며 자신의 생각을 정리한 메모들을 상자에 모아 두기 시작했고, 그 메모들을 바탕으로 원고를 써서 당시 독일에서 가장 영향력 있는 사회학자에게 보냄. 원고를 읽은 사회학자는 루만에게 그 즉시 연락해 당시 설립된 지 얼마 되지 않은 빌레펠트 대학교 사회학과 교수로 일해 보라고 권함. 그러나 루만은 사회학 관련 학위가 전무한 상태였음. 루만은 다시 자신의 메모 상자로 달려가 메모들을 이리저리 연결한 끝에 1년도 안 되는 짧은 시간 안에 교수가 되기 위한 모든 자격들을 획득함. 그리고 1968년, 빌레펠트 대학교 사회학 교수로 임용되어 평생 그 자리를 지킴. 루만은 평생 9만여 장의 메모를 남겼음. 이를 바탕으로 58권의 저서와 350여 편 이상의 논문을 발표하며 1인 이론 공장이라는 별명까지 붙을 정도로 20세기 가장 중요한 사회학자로 자리매김함. 루만은 모든 공로를 자신의 메모 상자, 즉 제텔카스텐으로 돌림.

제텔카스텐 시스템 구축하기

4-1

개요

　　훌륭한 메모를 아무리 많이 작성했다 하더라도 어떤 시스템이 없다면 그 메모들을 모아서 하나의 결과물을 만들어 내는 것은 결코 쉬운 일이 아닙니다. 메모의 자유로운 연결과 생각을 발전시키는 데 제텔카스텐 시스템이 도움이 되는 이유는 다음과 같습니다.

　　첫째, 제텔카스텐 시스템은 연결고리가 있는 동일한 양식의 메모를 만듭니다. 제텔카스텐 방식으로 만든 메모는 마치 레고 블록과 같습니다. 각각의 블록에 같은 돌기와 홈이 있어야만 서로 연결되는 것과 마찬가지로, 메모도 동일한 양식으로 작성해야 다른 메모와 연결할 수 있습니다.

　　둘째, 작업의 집중력을 높일 수 있습니다. 숀케 아렌스는 『글 쓰는 인간을 위한 두 번째 뇌, 제텔카스텐』에서 구조화된 시스템이 집중력을 높일 수 있다며 다음과 같이 설명하고 있습니다. 우리는 중요한 것부터 사소한 것에 이르기까지 모든 일들을 관리되고 있다는 것을 알아야만 훌훌 털어버리고 바로 눈앞의 일에 집중할 수 있다. 눈앞의 일 말고는 우리의 기억 속을 떠돌며 귀중한 정신적 자원을 차지하는 일들이 없어야 알렌이 말하는 "물처럼 흐르는 마음 상태"를 경험할 수 있다(p.24-25).

　　셋째, 기존에 사용하던 메모 앱에 저장된 메모를 제텔카스텐 방식의 메모로 전환할 수 있습니다. 에버노트, 원노트 등에 저장된 메모는 제텔카스텐 방식으로 변환해야 우리의 목적에 맞게 활용할 수 있는데, 그럴 때 이미 정해진 시스템이 확실한 전환 기준을 만들어 줍니다.

　　이를 종합해 보면, 제텔카스텐 시스템의 장점은 기존의 메모를 제텔카스텐 환경으로 가져오고, 연결하고, 작업 집중력을 높여서 지식을 쌓아갈 수 있도록 도울 수 있다는 것입니다. 그렇다면 이런 시스템은 어떻게 만들어야 할까요? 어렵지 않냐고요? 걱정마세요. 우리가 앞서 열심히 배웠던 옵시디언이 제텔카스텐 시스템을 구축하는 아주 훌륭한 도구가 되어 줄 겁니다.

옵시디언에서 제텔카스텐 시스템을 구축하기 위해서는 3가지 과정이 필요합니다. 첫째는 인덱스-폴더-노트로 디지털 메모 상자 만들기, 둘째는 옵시디언 시스템 설정하기, 셋째는 템플릿 만들기입니다. 다음부터 시작되는 예시들을 차근차근 따라하다 보면 어느새 당신만의 제텔카스텐 시스템을 구축해낼 수 있을 겁니다.

4-2

디지털 메모 상자 만들기

인덱스, 폴더, 그리고 노트는 디지털 메모 상자를 구성하는 기본 요소들입니다. 디지털 공간에서 메모를 쓸 수 있는 자리를 만들고, 보관함을 만들고, 메모가 쌓이면 찾아갈 수 있는 경로를 만드는 것입니다. 처음엔 어색하겠지만 몇 번만 시도하다 보면 마치 아날로그 상자를 열어서 메모 카드들을 손가락으로 휘리릭 넘겨가며 특정 메모를 찾는 행위가 디지털 공간에서도 자연스럽게, 그리고 놀라울 정도로 빠른 속도로 이뤄지게 될 겁니다.

4-2-1

인덱스 구상하기

인덱스의 사전적 의미는 '책 속의 내용 중에서 중요한 단어나 항목, 인명 따위를 쉽게 찾아볼 수 있도록 일정한 순서에 따라 별도로 배열하여 놓은 목록'입니다. 한편, 제텔카스텐 시스템 환경에서는 인덱스를 중요한 단어나 항목 등의 규칙으로 일정한 순서에 따라 메모들을 배열한 목록이라고 정의할 수 있으며, 다음과 같은 두 가지 역할을 합니다.

첫째, 인덱스는 작성한 메모를 보관할 장소를 알려줍니다. 종이에 펜으로 쓴 메모를 상자에 보관할 때 상자에 붙여진 분류 라벨을 확인한 뒤 메모를 보관할 적당한 위치를 정하는 것처럼 디지털 환경에서도 인덱스를 확인하고 메모를 보관할 폴더를 정합니다. 만약 이런 인덱스가 없다면 메모를 잘못된 위치에 저장하거나 최악의 경우에는 메모를 분실할 수도 있습니다.

둘째, 인덱스는 메모를 보관할 때 기준을 제시함으로써 지식체계를 만드는 역할을 합니다. 예를 들어 화학이론과 관련된 메모는 '과학—화학'에, 화성학과 관련된 메모는 '예술—음악'에 보관합니다. 이런 기준이 없다면 메모가 무작위로 보관되어 활용도가 낮아질 수밖에 없습니다.

인덱스를 만들 때 주의해야 할 점은 그 기준이 보편적인 지식체계에 부합해야 한다는 겁니다. 인류는 오랜 기간 동안 일정한 지식체계를 만들고 그 체계 안에서 지식과 이론을 발전시켰습니다. 그런데 보편적인 지식체계로 인덱스를 만들지 않고 나 혼자만 알아볼 수 있는 기준으로 만든다면 처음에는 그런대로 분류가 가능하겠지만 메모가 점점 늘어날수록 필연적으로 혼동이 발생합니다. 스스로도 왜 이 메모를 이렇게 분류했는지 납득하지 못하는 순간이 찾아오는 것입니다.

그러면 보편적인 지식체계란 도대체 무엇이란 말인가, 하는 의문이 떠오를 것입니다. 이때 효과적으로 응용할 수 있는 방법이 바로 듀이 십진분류법(DDC)입니다. 듀이 십진분류법은 도서관에서 책을 정리하는 데 사용하는 도서분류 체계로 1876년 멜빌 듀이가 처음 고안하여 현재 제23판까지 그 내용이 업데이트되었습니다. 참고로, 듀이 십진분류법을 우리나라 현실에 맞게 수정한 한국 십진분류법(KDC)도 있습니다.

듀이 십진분류법이나 한국 십진분류법은 0부터 900번대까지 인덱스를 만들어 책을 분류하고 있는데, 100번대는 대분류, 10번대는 중분류, 1번대는 하분류입니다. 십진분류법을 활용하여 나만의 인덱스를 만드는 방법은 다음과 같습니다.

1. 듀이 십진분류법을 살펴보고 내가 관심을 가지고 있는 100번대의 대분류를 선택합니다. 예를 들어 400번은 '언어'를 뜻합니다.

2. 대분류의 하위에 있는 10번대의 중분류를 살펴보고 관심분야를 선택합니다. 예를 들어 400번대에서 420번은 '영어'입니다.

3. 마지막으로 영어에는 회화, 문법, 작문 등의 다양한 하위 분류가 있습니다. 예를 들어 421번은 '영어회화'입니다.

위의 과정을 따르면 아래와 같은 인덱스가 만들어집니다.

400. 언어
420. 영어
421. 영어회화

여기에서 첫 번째 자리는 메모 상자의 구역을 의미합니다. 두 번째 자리는 메모 상자 구역 안의 공간, 즉 서랍에 해당됩니다. 그리고 세 번째 자리는 서랍을 나눠놓은 칸막이입니다. 이렇게 평소에 관심 있던 분야를 인덱스화하는 습관을 들이면 보편적인 지식체계라는 든든한 기준 아래서 한 분야를 깊이 연구해 나갈 수 있습니다. 이제 남은 것은 자신이 구상한 인덱스를 디지털화하는 작업입니다.

4-2-2

인덱스 폴더 만들기

　　먼저 옵시디언의 왼쪽 사이드바에서 '새 폴더'를 클릭하여 6개의 폴더를 만든 다음 각각 지식창고, 개인, 업무, 자기계발, 일간노트, 제텔카스텐이라고 이름 붙입니다. 그리고 '새 노트'를 클릭하여 1개의 노트를 만들어서 '인덱스 메모'라고 이름 붙입니다. 옵시디언의 특성상, 폴더가 상위에 위치하고 노트는 하위에 위치합니다.

0. 지식창고 (폴더)

1. 개인 (폴더)

2. 업무 (폴더)

3. 자기계발 (폴더)

4. 일간노트 (폴더)

5. 제텔카스텐 (폴더)

_인덱스 메모 (노트)

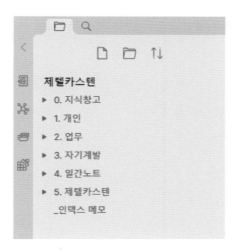

　　0. 지식창고는 메모를 작성할 때 필요한 템플릿을 보관하고 도서 목록, 일정 등의 다양한 정보도 보관하는 폴더입니다. 이 목적에 따라 중간 폴더를 만들려면 해당 폴더를 선택하고 마

우스 우클릭을 하면 나오는 메뉴에서 '새 폴더'를 클릭하면 됩니다. 이 방법으로 세 개의 폴더를 만든 뒤, 폴더 위에 마우스 우클릭을 하고 메뉴에서 '이름 바꾸기'를 선택하여 각각 '010. 기타 정보', '020. 템플릿 양식', '030. 태그'라고 이름을 붙입니다. 이후 왼쪽에 있는 토글을 클릭하면 중간 폴더를 펼쳤다 접었다 할 수 있습니다.

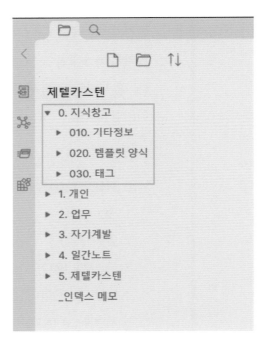

0. 지식창고

   010. 기타 정보

   020. 템플릿 양식

   030. 태그

이제 010. 기타정보의 하위 폴더를 만들 차례입니다. 위와 같은 방식으로 새로운 폴더를 만들고 이름을 붙이면 다음과 같은 결과가 나타납니다.

010. 기타 정보 (폴더)

  011. 첨부파일 (폴더)

  012. 도서 목록 (노트)

  013. 웹사이트 주소 목록 (노트)

  014. 기사 스크랩 목록 (노트)

제텔카스텐

▼ 0. 지식창고

  ▼ 010. 기타정보

    ▶ 011. 첨부파일

    012. 도서 목록

    013. 웹사이트 주소 목록

    014. 기사 스크랩 목록

  ▶ 020. 템플릿 양식

  ▶ 030. 태그

▶ 1. 개인

▶ 2. 업무

▶ 3. 자기계발

▶ 4. 일간노트

011. 첨부파일은 메모에 활용되는 첨부파일을 보관하는 폴더입니다. 메모를 작성하다 보면 이미지, PDF, 문서파일 등을 첨부해야 하는 경우가 있습니다. 이럴 때 설정에서 첨부파일 저장 위치를 '011. 첨부파일'로 지정하게 되면 메모에 첨부되는 모든 파일이 이 첨부파일 폴더에 보관이 됩니다. 또한 첨부파일의 이름을 백링크 [[ ]] 안에 입력하면 메모에서 바로 첨부파일을 불러 올 수 있습니다. 첨부파일을 저장하는 경로 설정은 4-3에서 자세히 다루겠습니다.

012. 도서 목록, 013. 웹사이트 주소 목록, 014. 기사 스크랩 목록 등은 메모의 부가적인 정보들을 관리합니다. 메모를 작성하다 보면 메모와 연관된 다양한 정보를 관리해야 합니다. 예를 들어 메모를 작성하는 데 참고한 도서 목록이라든가 업무나 학업

에 필요한 웹사이트 주소나 신문기사 등이 쌓이기 마련입니다. 이렇게 기타 정보를 따로 관리하는 이유는 기타 정보에 있는 메모는 문헌 메모나 영구보관용 메모 등의 부가적인 정보를 담고 있기 때문입니다. 메인으로 사용되는 메모와 부가적으로 사용하는 메모를 분류하면 메모를 효율적으로 관리할 수 있습니다.

지금까지 인덱스 폴더를 만들어 나가는 과정을 모두 설명드렸습니다. 어떤 분들은 이런 의문을 가지실 수도 있을 겁니다. 이렇게 미리 분류해 놓는 것은 상향식이라는 제텔카스텐의 개념과 반대되는 것 아닌가요? 타당한 지적입니다. 그런데 이 책의 목적은 제텔카스텐 시스템이 실제로 어떻게 구축될 수 있는지 보여주면서 독자들이 직접 연습해 볼 수 있는 예시를 제공하는 것이므로 이런 사전 분류는 불가피한 방식이었음을 밝힙니다. 그리고 이 인덱스 폴더들은 앞으로도 계속 등장할 예정이므로 머릿속으로만 따라하지 말고 직접 옵시디언을 실행시켜 실제로 만들어 보시기 바랍니다.

이제부터는 인덱스에 포함된 각각의 폴더들이 어떤 기능을 하는지에 대해 간략하게 설명드리겠습니다. 소개된 예시들은 제텔카스텐 시스템이 어떻게 구성되는지 보여주기 위한 것이며 저자인 제가 실제로 사용하고 있는 구성이기도 합니다. 예시들을 통해 제텔카스텐에 대한 개념이 어느 정도 잡히면 여러분의 상황과 개성에 맞게 원하는 대로 수정 및 변형하여 사용하시면 됩니다.

템플릿 양식 폴더

020. 템플릿 양식은 메모를 작성할 때 필요한 템플릿을 보관하는 폴더입니다. 동일한 양식의 메모를 작성하기 위해서는 템플릿이 필요합니다. 옵시디언 설정의 주요 플러그인 탭에 있는 템플릿 기능을 활용하면 각각의 메모에 템플릿을 삽입할 수 있습니다(4-3 참조). 이 템플릿 폴더에는 메모의 종류에 따라 다음과 같은 7개의 하위 노트를 만들 수 있습니다.

020. 템플릿 양식 (폴더)

　021. 일간노트 템플릿

　022. 문헌 메모 템플릿

　023. 영구보관용 메모 템플릿

　024. 키워드 템플릿

　025. 의견 메모 템플릿

　026. 주장 메모 템플릿

　027. 두 번째 뇌 템플릿

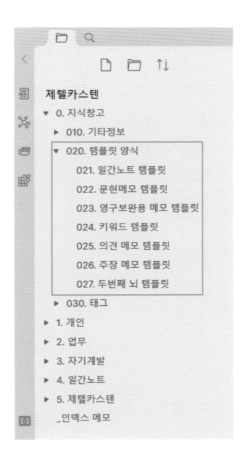

태그 폴더

030. 태그는 메타데이터에서 사용할 태그를 보관하는 폴더입니다. 태그는 메모를 작성하는 날짜, 텍스트의 출처, 분야, 키워드 등의 메타데이터를 기록합니다.

030. 태그 (폴더)

031. 출처 (노트)

032. 저자 (노트)

033. 종류 (노트)

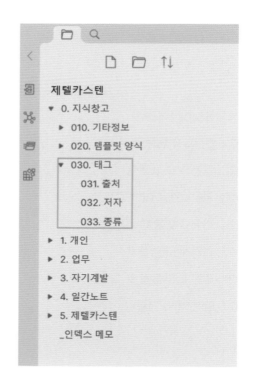

개인 폴더

1. 개인은 개인적인 정보나 일정 등을 보관하는 폴더입니다. 여기에 기록된 메모는 임시 메모의 형태이고 메모의 목적이 다하면 삭제하는 게 좋습니다. 개인과 관련된 다음과 같은 중위 개념과 하위 개념의 예시를 참고하여 나에게 맞는 개인 폴더를 만들어 보세요.

1. 개인

    A. 일정

        1. 개인 일정

        2. 경조사

        3. 휴가

    B. 쇼핑 리스트

        1. 옷

        2. IT

        3. 식료품

    C. 버킷 리스트

        1. 여행

        2. 책쓰기

        3. 캠핑하기

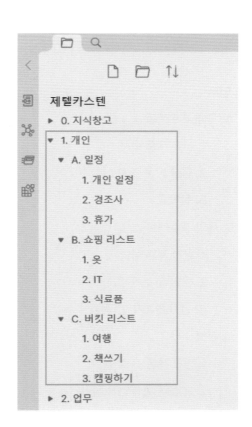

업무 폴더

2. 업무는 업무와 관련된 내용을 보관합니다. 회의하면서 기록한 메모, 논문이나 서류를 검토하면서 작성한 메모 등을 보관하면 되는데 이런 업무는 개인별로, 회사별로 다르기 때문에 아래의 예시를 참고하여 나의 업무에 맞는 폴더를 만들어 보세요. 특히 업무와 관련된 메모들은 한곳에서 모두 확인할 수 있을 때, 그 효율이 크게 증가합니다.

2. 업무

    A. 국내 프로젝트

        1. 신규 제품 출시

        2. 현장 방문 조사

        3. 회의록

    B. 해외 프로젝트

        1. 현지 지부 설립

        2. 문헌 및 논문 조사

        3. 현지 관계자 인터뷰

    C. 홍보

        1. 신규 제품 프로모션

        2. SNS 인플루언서 섭외

        3. 홍보대사 섭외

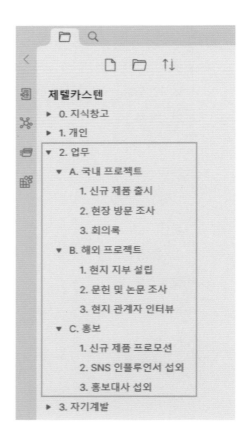

자기계발 폴더

3. 자기계발은 자기발전을 위한 다양한 정보를 모아 둘 수 있습니다. 예를 들어 영어 실력을 높이기 위한 추천 도서, 유튜브 채널 등을 메모할 수 있고, 다이어트에 관심이 있다면 필요한 식단이나 운동법을 정리해 놓을 수 있습니다.

3. 자기계발

    A. 영어 배우기

        1. 추천 영어 책 목록

        2. 영어 유튜버 목록

        3. 필수 회화 구문

    B. 캘리그라피 배우기

        1. 캘리그라피 준비물

        2. 캘리그라피 문구 모음

        3. 캘리그라피 추천 도서

    C. 다이어트

        1. 다이어트할 때 좋은 추천 음식

        2. 다이어트 요요를 방지하는 방법

        3. 다이어트에 좋은 운동법

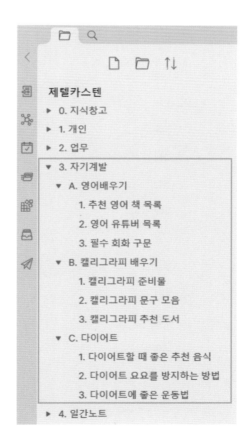

일간노트 폴더

4. 일간노트는 하루에 일어난 일을 일기처럼 기록하는 폴더입니다. 일간노트의 장점은 하루 동안 작성한 메모를 한곳에 모아두고 메모의 중요도를 확인하여 그 메모를 영구보관용 메모로 발전시킬 것인지 삭제할 것이 결정할 수 있다는 점입니다. 그리고 옵시디언에서 제공하는 일간노트 플러그인 기능을 활용하면 일간노트를 더 효과적으로 사용할 수 있습니다(v0.12.10 기준). 일간노트 설정은 4-3에서 자세히 다루겠습니다.

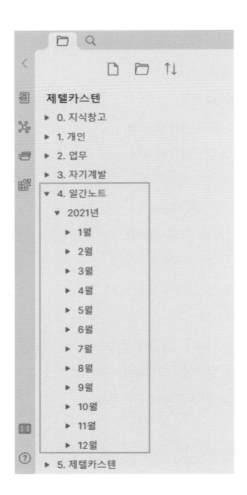

제텔카스텐 폴더

5. 제텔카스텐은 기존의 메모들이 아니라 처음부터 제텔카스텐 방식으로 작성한 메모들을 보관할 폴더입니다. 1단계 폴더에는 임시 메모, 문헌 메모, 영구보관용 메모를 저장합니다. 2단계 폴더에는 1단계 메모들의 연결고리 역할을 하는 키워드들을 저장합니다. 3단계 폴더에는 키워드를 통해 육하원칙에 따라 분류되고 요약된 의견 메모를 저장합니다. 4단계 폴더에는 여러 개의 의견을 모아서 하나의 생각으로 발전된 주장 메모들을 저장합니다. 마지막으로 5단계 폴더에는 동일 주제에 대한 여러 개의 주장을 모아 최종적으로 데이터베이스화 할 수 있는 메모들을 저장합니다. 이와 같이 각 단계의 메모를 작성할 때는 템플릿이 필요한데, 이 템플릿을 활용하여 메모하는 방법은 4-4에서 자세하게 다루겠습니다.

5. 제텔카스텐 (폴더)
   1단계 - 메모 (폴더)
   2단계 - 키워드 (폴더)
   3단계 - 의견 (폴더)
   4단계 - 주장 (폴더)
   5단계 - 두 번째 뇌 (폴더)

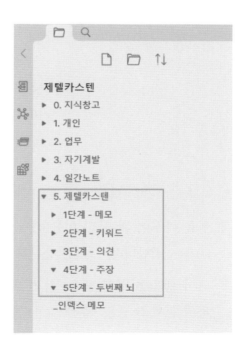

인덱스 메모

_인덱스 메모는 인덱스 폴더들을 한눈에 볼 수 있도록 정리하는 메모입니다. 즉, 지금까지 만든 인덱스 폴더들의 목차 역할을 하는 것입니다. 각각의 인덱스 폴더들 안에는 해당 주제에 맞는 노트들이 보관되기 시작하는데 이런 노트들을 일일이 다 기억할 수는 없기 때문에, 따로 인덱스 메모를 만들어서 일목요연하게 표시해 두고 필요할 때마다 바로 찾을 수 있도록 준비해 두는 겁니다. 특히 **5. 제텔카스텐** 폴더에서는 1~5단계로 메모를 구별하였는데, 이는 메모를 단순히 단계별로 구별한 것이지 인덱스별로 분류한 것은 아니었습니다. 따라서 인덱스 메모를 통해 주제별로 정리해 두지 않으면 메모들이 제대로 분류되지 않은 채 뒤죽박죽 섞여서 서로 연결하려면 어려움을 겪을 수밖에 없습니다.

인덱스 메모를 만드는 방법은 다음과 같습니다.

1. 개인

2. 업무

3. 자기계발

4. 일간노트

5. 제텔카스텐

1. 지금까지 만든 위와 같은 폴더들의 이름을 제일 먼저 입력합니다.

2. 행을 바꾸어 각 폴더 이름 하단에 탭을 한 번 눌러 들여쓰기를 하고 대시 (-)를 입력합니다. 그리고 중분류를 텍스트로 입력합니다.

3. 다시 행을 바꾸어 탭을 두 번 눌러 들여쓰기를 합니다. 그리고 대시 뒤에 하위 분류 노트를 백링크 [[ ]] 안에 입력합니다.

1. 개인

    A. 일정

        [[1. 개인 일정]]

        [[2. 경조사]]

        [[3. 휴가]]

    B. 쇼핑 리스트

        [[1. 옷]]

        [[2. IT]]

        [[3. 식료품]]

    C. 버킷 리스트

        [[1. 여행]]

        [[2. 책쓰기]]

        [[3. 캠핑하기]]

📄 _인덱스 메모

1. 개인
- 일정
  - [[1. 개인 일정]]
  - [[2. 경조사]]
  - [[3. 휴가]]
- 쇼핑 리스트
  - [[1. 옷]]
  - [[2. IT]]
  - [[3. 식료품]]
- 버킷리스트
  - [[1. 여행]]
  - [[2. 책쓰기]]
  - [[3. 캠핑하기]]

위의 예시는 1. 개인 폴더의 인덱스 메모를 작성해 본 것입니다. 같은 방식으로 2. 업무, 3. 자기계발, 4, 일간노트, 5. 제텔카스텐까지 인덱스 메모를 만듭니다. 인덱스 메모를 보면 현재 작업하고 있는 메모의 종류와 분야를 한눈에 알아 볼 수 있습니다. 특히 5. 제텔카스텐의 인덱스 메모를 살펴 보면 현재 자신이 어떤 분야에 관심을 가지고 메모를 만들어 나가고 있는지 그때그때 가늠해 볼 수 있어서 구체적인 목표를 설정하는 데 도움이 됩니다.

이렇게 인덱스 메모까지 작성되면 드디어 디지털 메모 상자 만들기가 완료됩니다.

4-3

옵시디언 시스템 설정

옵시디언은 제텔카스텐에 특화되어 있는 메모 앱이기 때문에 여러 가지 편리한 설정들이 있습니다. 우선 설정을 진행하는 방식을 살펴보겠습니다. 앞으로 설명할 기능들은 공통적으로 다음과 같은 설정 과정을 거쳐 적용됩니다.

❶ 왼쪽 사이드바에서 설정을 클릭합니다.

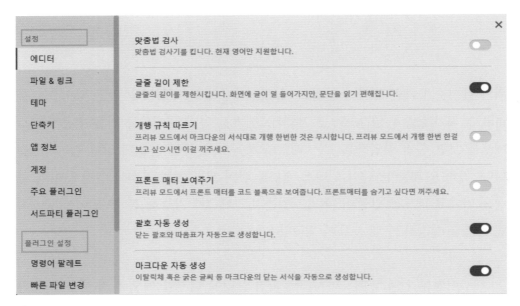

❷ 설정 창은 일반 설정과 플러그인 설정으로 나눠져 있습니다.

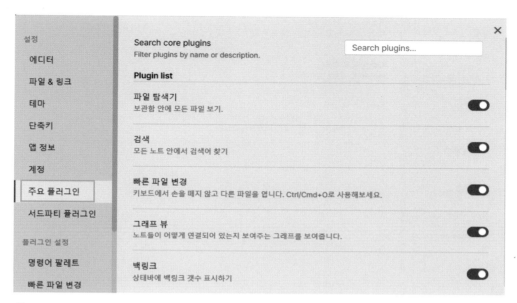

❸ 일반 설정 항목에서 주요 플러그인 항목을 선택합니다.

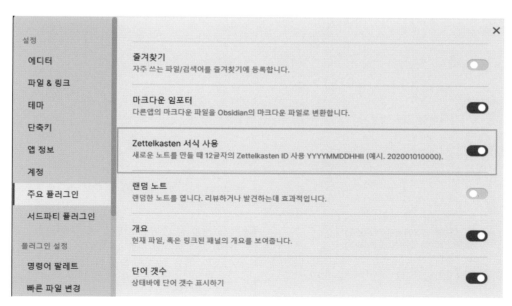

❹ 주요 플러그인 항목들 중 하나를 활성화시킵니다.

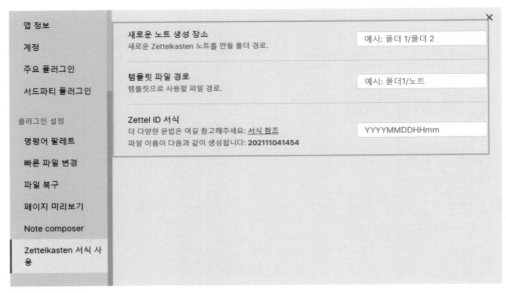

❺ 세부 옵션 창이 열리면 상황에 맞게 설정을 합니다.

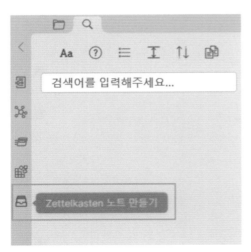

❻ 설정창을 닫고 메인 화면을 보면 왼쪽이나 오른쪽 사이드바에 관련 아이콘이 새로 생성되어 있는 것을 확인할 수 있습니다.

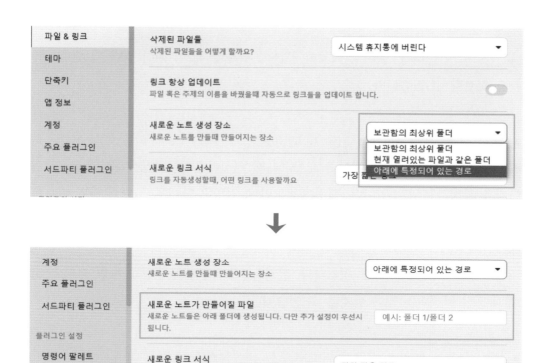

❼ 특정 항목을 선택하면 바로 아래에 상세 옵션이 나오는 경우도 있습니다.

● 일반 설정 > 에디터 탭 > 글줄 길이 제한

글줄 길이 제한은 메모의 왼쪽 공간을 빈 여백으로 남겨둘 것인지 아니면 여백 없이 사용할 것인지 결정하는 옵션입니다. 메모를 하다보면 2~3개의 메모 창을 열고 작업해야 하는 경우가 있습니다. 이럴 때는 화면을 넓게 활용하는 것이 효율적이기 때문에 '글줄 길이 제한'은 끄기로 설정합니다.

● 일반 설정 > 에디터 탭 > 헤더접기

앞서 살펴보았듯이 해시태그(#) 뒤에 글을 입력하면 제목서체 크기로 글자가 커지는데, 이 헤더 접기를 통해 헤더 왼쪽에 토글을 생성해서 제목 아래의 내용을 접거나 펼칠 수 있습니다. 글이 길어져서 공간이 부족할 때 이 헤더 접기 기능으로 공간을 확보할 수 있습니다.

● 일반 설정 > 에디터 탭 > 기본 새 패널모드

기본 새 패널 모드는 새 패널에서 메모를 열 때 편집뷰로 열 것인지 프리뷰로 열 것인지를 설정하는 기능입니다. 백링크 [[ ]] 안에 입력된 단어를 우클릭 하면 나오는 메뉴에서 '새로운 패널에 열기'를 클릭하면 새로운 페이지가 열리는데, 이때 '기본 새 패널 모드'가 편집기로 설정이 되어 있으면 편집뷰로 열리고 미리보기로 설정 되어 있으면 하면 프리뷰로 열립니다. 설정을 '미리보기'로 설정해 두면 의도치 않게 내용이 변경되는 것을 방지할 수 있습니다.

● 일반 설정 > 파일 & 링크 > 새로운 노트 생성장소

새로운 노트 생성 장소는 신규로 생성한 노트를 저장할 폴더를 설정해 주는 것입니다. 옵션은 세 가지입니다. 기본값인 '보관함의 최상위 폴더'는 신규 메모를 왼쪽 사이드바의 최상위 폴더에 저장시킵니다. '현재 열려 있는 파일과 같은 폴더'는 말 그대로 신규 메모를 현재 열려 있는 파일과 같은 폴더에 저장시킵니다. 마지막으로 '아래에 특정되어 있는 경로'를 선택하면 하단에 상세 옵션으로 '새로운 노트가 만들어질 파일'이 나타납니다. 우리는 이 옵션에 앞서 만들었던 인덱스 폴더들 중 5.제텔카스텐/1단계-메모를 지정해 주기로 합시다. 그러면 앞으로 작성되는 모든 메모는 이 폴더에 자동으로 저장됩니다.

● 일반 설정 > 파일 & 링크 > 첨부파일의 기본 경로

첨부파일의 기본 경로는 옵시디언에서 사용하는 첨부파일의 저장 위치를 결정합니다. 옵션은 '보관함의 최상위 폴더', '아래에 특정되어 있는 경로', '현재 열려있는 파

일과 같은 폴더', '현재 폴더의 하위 폴더' 이렇게 4가지입니다. 기본값인 '보관함의 최상위 폴더'는 첨부파일을 왼쪽 사이드바의 최상위 폴더에 저장시키는데, 계속 이 옵션을 유지하면 첨부파일이 최상위 폴더에 쌓이게 되어 파일을 관리하는 데 어려움이 생깁니다. 대신 '아래에 특정되어 있는 경로'를 선택하면 하단에 상세 옵션으로 '첨부파일 폴더 경로'가 나타납니다. 우리는 이 옵션에 앞서 만들었던 인덱스 폴더들 중 0.지식창고/010.기타정보/011.첨부파일을 지정해 주기로 합시다. 그러면 앞으로 옵시디언에서 사용된 모든 첨부파일은 이 폴더에 자동으로 저장됩니다.

● 일반 설정 > 주요 플러그인 > 태그 패널
태그 패널은 메모의 메타데이터 중에서 해시태그(#)로 만든 태그를 정렬해서 보여주는 기능입니다. 이 설정을 켜면 오른쪽 사이드바에 '태그 패널' 아이콘이 생기는데 이 태그 패널은 제텔카스텐 시스템에서 메모와 메모를 연결하는 데 핵심적인 역할을 수행합니다.

● 일반 설정 > 주요 플러그인 > 템플릿
템플릿은 노트에 템플릿 양식을 붙여넣는 기능으로, 어떤 메모를 작성할 때 기존의 메모와 동일한 양식을 적용할 수 있게 해줍니다. 이 설정을 켜면 '플러그인 설정' 탭에 '템플릿' 메뉴가 만들어 집니다. 클릭하여 '템플릿 폴더 경로'에서 템플릿 폴더의 위치를 앞에서 만들었던 인덱스 폴더인 0.지식창고/020.템플릿 양식으로 설정해 줍니다. '날짜 서식'과 '시간 서식'은 서식을 원하는 형태로 변경할 수 메뉴인데 자세한 내용은 '서식 참조'를 클릭해서 확인할 수 있습니다.

● 일반 설정 > 단축키
단축키는 특정 기능을 바로 적용시킬 수 있는 키를 설정하는 것입니다. 바로 위에서 살펴본 템플릿의 단축키를 만들어 보겠습니다. '단축키'를 클릭하면 나오는 검색창에 '템플릿'을 입력합니다. 화면에 나타난 검색 결과 맨 윗줄에 있는 '템플릿: 템플릿 삽입'을 보면 맨 오른쪽에 '단축키 바꾸기' 아이콘이 있습니다. 이것을 클릭하고 ctrl + t를 입력하면 어떤 메모에 템플릿 양식을 삽입할 때 ctrl + t만 누르면 됩니다. ctrl + t는 하나의 예시일 뿐이고 여러분에게 편한 다른 단축키를 설정해도 됩니다.

● 일반 설정 > 주요 플러그인 > 개요
개요는 메모의 목차를 만들어 주는 기능입니다. '개요'를 켜기로 설정하고 메인 화면으로 나오면 오른쪽 사이드바에 개요 아이콘이 생성된 것을 볼 수 있습니다. 이때 # 헤더1, ## 헤더2, ### 헤더 3 등으로 입력해 보면 오른쪽 사이드바에 아래와 같은 목차가 나타납니다.

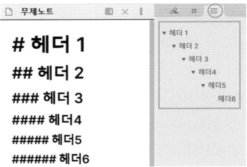

● 일반 설정 > 주요 플러그인 > Zettelkasten 서식 사용
Zettelkasten 서식 사용은 미리 만들어 놓은 템플릿 양식으로 메모를 할 수 있는 기능입니다. 이 기능을 활성화하면 플러그인 설정에 'Zettelkasten 서식 사용' 탭이 생깁니다. 탭을 클릭하면 나타나는 3가지 옵션들 중 '새로운 노트 생성 장소'에서 제텔카스텐 메모를 저장하는 위치를 정할 수 있습니다. 노트 생성 장소를 지

정하지 않으면 최상위 폴더에 자동으로 저장되기 때문에 **5.제텔카스텐/1단계-메모**로 폴더를 지정합니다. '템플릿 파일 경로'에서는 제텔카스텐 메모 템플릿이 있는 위치를 설정해 주면 되는데 **0.지식창고/020.템플릿 양식/023.영구보관용 메모**로 설정합니다. 'Zettel ID 서식'의 경우에는 고유 식별자(unique identifier) YYYYMMDDHHmm(연도-월-일-시간-분)로 기본값이 설정되어 있습니다. 노트를 만든 시간을 id로 사용하는 것입니다. 이 기본값이 너무 길면 YYYYMMDD(연도-월-일)까지만 사용해도 됩니다. 이렇게 설정이 완료되면 옵시디언 메인화면 왼쪽 사이드바에 'Zettelkasten 노트 만들기' 아이콘이 만들어진 것을 확인할 수 있습니다. 이 아이콘을 클릭하면 **5.제텔카스텐/1단계-메모**에 저장되는 메모창이 열립니다.

● 일반 설정 > 주요 플러그인 > 일간노트

일간노트는 오늘의 일정과 임시 메모 등을 관리하는 기능입니다. 활성화하면 역시 플러그인 설정에 '일간노트' 탭이 생성되고, 이 탭을 클릭하면 날짜 서식, 새 파일 경로, 템플릿 파일 경로, 시작시에 일간 노트 열기, 이렇게 4가지 옵션이 나타납니다. '날짜 서식'은 YYYY-MM-DD가 기본 설정이며 날짜를 변경하고 싶으면 '서식 참고'를 클릭하여 다양한 방법으로 날짜를 변경해 볼 수 있습니다. '새 파일 경로'를 **4.일간노트**로 설정하면, 일간노트가 자동으로 이 폴더의 하위에 저장됩니다. 다만 연도별, 월별로 분류되어 저장되지는 않기 때문에 미리 '연도-월'의 순서로 하위 폴더를 만들어 관리하는 것이 좋습니다. 예를 들어 2021년 12월이면 **4.일간노트/2021년/12월**로 폴더를 설정하면 됩니다. '시작시에 일간 노트 열기'를 활성화하면 프로그램을 실행할 때 일간노트가 자동으로 만들어집니다. 이렇게 설정을 마치면 메인 화면의 왼쪽 사이드바에 일간노트 아이콘이 생성된 것을 볼 수 있습니다. 이 아이콘을 클릭하면 지정한 위치에 일간노트가 만들어집니다.

4-4

템플릿

제텔카스텐을 활용하기 위한 옵시디언의 기본 설정을 마쳤습니다. 이제 메모할 때 활용할 수 있는 템플릿 양식을 만들어 보겠습니다. 템플릿은 메모를 동일한 양식으로 작성할 수 있게 도와줍니다. 만약 메모들이 서로 다른 양식이나 구조로 작성되어 있으면 연결고리가 없어 서로 연결이 어려워집니다.

템플릿은 메모의 종류에 따라 양식이 다르므로 종류별로 각각 템플릿 양식을 만들어 보겠습니다. 여기에 소개된 템플릿 양식들은 0.지식창고/020.템플릿양식에 저장해 두고 활용하면 됩니다.

일간노트 템플릿
일간노트는 총 3구역으로 구성되었습니다. 상단은 일정과 할일을 기록하고, 가운데는 임시, 문헌, 영구보관용 메모를 입력하고, 하단은 개인적인 단상이나 업무와 관련된 내용을 메모합니다.

<일간노트의 구성>

1. 상단에는 **#** 일정 및 할일을 기록합니다. 메모 뒤에 **#일정, #준비, #진행중, #완료** 등으로 해시태그를 기록하고 클릭하면 해시태그가 있는 모든 메모가 왼쪽 사이드바에 표시됩니다.

2. 가운데는 임시 메모, 문헌 메모, 영구보관용 메모를 작성하는 공간입니다. 그때그때 떠오르는 생각들을 기록하고 각각의 성격에 맞게 **#임시메모, #문헌메**

모, #영구보관용메모라고 해시태그를 달아 둡니다.

3. 하단은 개인적인 내용이나 업무와 관련된 내용들을 기록합니다. 간단한 내용이면 그냥 텍스트로 바로 입력해도 되고, 내용이 길거나 메모의 중요도에 따라 백링크 [[ ]]를 사용할 수도 있습니다. 일간노트에서 백링크 [[ ]]를 활용하면 관련 메모들을 효율적으로 관리할 수 있습니다.

📄 **021. 일간노트 템플릿**

일정 및 할일
일정
-

할 일 목록

- [ ]
- [ ]
- [ ]

메모

임시메모

문헌메모
-

영구보관용 메모
-

인덱스
1. 개인
-

2. 업무
-

3. 자기계발
-

4. 일간노트
-

5. 제텔카스텐
-

문헌 메모 템플릿

문헌 메모는 텍스트의 핵심 개념, 참고할 만한 내용, 사례 등을 인용하거나 텍스트를 요약하여 정리하는 메모입니다. 문헌 메모 템플릿의 특징은 출처와 저자 등의 서지정보, 그리고 영구보관용 메모와의 연결고리를 표시하고 있다는 점입니다.

📄 **022. 문헌메모 템플릿**

```
---
aliases: []
tags :
---
출처 :
저자 :
URL :
인용 :
```

생각의 연결고리

분야 :

키워드 :

-

관련있는 메모 :

-

<문헌 메모의 구성>

1. 상단은 메타데이터를 입력하는 공간입니다. 메타데이터는 특정한 목적을 가지고 기록을 생산하고 관리하는 데 유용한 구조화된 데이터입니다. 문헌 메모나 영구보관용 메모 등에 이 메타데이터를 기록해 두어야 메모를 체계적이고 조직적으로 관리할 수 있습니다. 또한 어떤 주제나 메모의 연결구조를 만들기 위해서도 메타데이터가 필요합니다. 메타데이터에는 먼저 aliases와 태그를 입력합니다. 그리고 출처, 저자, URL 역시 메타데이터입니다. 출처, 저자, URL를 통해 메모의 부가적인 정보를 입력해 보세요. 메타데이터를 작성하는 더 자세한 방법은 5장을 참고하시기 바랍니다.

2. 가운데는 인용구를 기록하는 공간입니다. 텍스트의 원본을 입력한 인용구는 블록 레퍼런스(3-2 참조)를 활용하여 필요할 때마다 영구보관용 메모나 의견 메모 등으로 불러올 수 있습니다. 블록 레퍼런스로 인용구를 불러 오면 출처, 저자, URL도 같이 표시되기 때문에 인용구의 추가 정보도 확인할 수 있습니다.

3. 하단은 생각의 연결고리로 키워드, 그리고 문헌 메모와 연결되는 또 다른 메모들을 표시하는 공간입니다.

- **분야**는 메모의 인덱스를 기록합니다. 메모에 따라 인덱스가 하나일 수도 있고 여러 개 일 수도 있습니다. 여러 개인 경우에는 모두 기록해 주세요.
- **키워드**는 메모를 연결하는 중간다리 역할입니다. 키워드에는 지식의 활용 목적과 키워드의 계층구조를 표시해 줍니다. 키워드에 대해서는 5장에서 더 자세히 살펴보겠습니다.
- **관련있는 메모**는 문헌 메모와 연결되는 영구보관용 메모, 의견 메모, 주장 메모 등을 가리킵니다. 생각의 연결고리를 통해 문헌 메모와 관련이 있는 모든 메모를 연결해 주세요.

영구보관용 메모 템플릿

영구보관용 메모는 임시 메모와 문헌 메모에 자신의 생각을 추가하여 발전시킨 메모입니다. 영구보관용 메모는 제텔카스텐 시스템의 기반이 되는 메모입니다. 영구보관용 메모가 1,000개 정도 모이면 본격적으로 생각들이 연결되고 스스로도 놀랄 정도로 발전된 연구 결과물을 얻을 수 있습니다.

📄 **023. 영구보완용 메모 템플릿**

```
---
aliases: []
tags :
---
출처 :
저자 :
URL :
인용 :
![[]]
```

생각의 연결고리

분야 :
키워드 :

생각의 확장 :

-

관련있는 메모 :

-

추가로 조사할 내용

-

의견 :

-

<영구보관용 메모의 구성>

1. 상단은 메타데이터를 입력하는 공간입니다. 임시 메모를 영구보관용 메모로 발전시켰다면 메타데이터를 입력해야 합니다. 하지만 문헌 메모에서 영구보관용 메모로 발전시켰다면, 문헌 메모의 메타데이터를 복사하여 붙여 넣으면 됩니다.

2. 가운데는 블록 레퍼런스 기능을 사용해서 인용구를 불러오거나 직접 인용구를 입력합니다. 블록 레퍼런스로 인용구를 불러 오면, 문헌 메모에서만 인용구를 수정해도 인용구가 사용된 모든 메모가 동시에 수정됩니다. 블록 레퍼런스를 사용하지 않으면 메모를 찾아 일일이 수정해야 합니다.

3. 하단은 생각의 연결고리로 메모를 연결시킬 수 있는 중간다리 역할을 합니다.

- 분야에는 메모의 인덱스를 기록합니다. 문헌 메모의 인덱스를 그대로 복사해도 되고, 새로운 분야가 있다면 추가해도 됩니다.
- 키워드에는 지식의 활용 목적과 키워드의 계층구조를 표시해 줍니다.
- 생각의 확장은 인용구에 대한 확장된 생각을 기록합니다. 인용구를 떠올리면서 나의 생각과 의견을 추가하는 것입니다.
- 관련 있는 메모는 관련이 있거나 연결이 되는 메모를 백링크 [[ ]]로 연결합니다.
- 추가로 조사할 내용에는 이 메모에 추가할 필요가 있다고 생각되는 사항들을 기록합니다. 추후에 연결될 수도 있는 내용을 기록하는 것입니다.
- 의견에는 다른 메모와 연결하여 요약한 의견 메모를 백링크 [[ ]]로 새로 만들거나 기존의 의견 메모를 연결합니다.

키워드 템플릿

키워드는 핵심 개념을 정리하고 메모의 연결고리를 만들어 생각의 확장을 돕는 역할을 합니다. 아래의 템플릿을 활용하여 모든 메모에 키워드를 입력해 두면 연관성이 있는 메모를 쉽게 찾아주는 중간다리가 되어 줄 겁니다.

<키워드의 구성>

📄 **024. 키워드 템플릿**

```
---
aliases : []
tags :
---
```
{{title}}

정의
- 분야 :
-

육하원칙
- 1. What
  - 1-1.

- 2. Why
  - 2-1.

- 3. How
  - 3-1.

- 4. 기타
  - 4-1.

확장된 생각
- 5. 의견
  - 5-1.

- 6. 주장
  - 6-1.

- 7. 두번째 뇌
  - 7-1.

관련있는 메모 :
- ###

1. 상단에는 aliases 기능으로 메타데이터를 작성합니다. 그리고 키워드의 분야와 간단한 정의를 기록합니다.

2. 가운데는 육하원칙에 따라 메모를 분류합니다. 핵심요소인 what, why, how에 해당하는 메모를 먼저 분류하고, 기타에는 where, when, who에 해당하는 메모를 분류합니다. 이렇게 분류한 메모는 상위 그룹으로 발전시키는 데 활용합니다. 그리고 확장된 생각 항목에는 육하원칙에 따라 분류하여 발전시킨 상위 그룹의 메모를 기록합니다.

3. 하단의 관련 있는 메모에는 키워드와 관련 있는 메모를 모읍니다. 그리고 다른 분야지만 연관성이 있는 메모도 표시합니다. 이는 분야를 뛰어넘어 메모가 연결되는 발판을 마련해 줍니다.

의견 메모 템플릿

의견 메모는 여러 개의 문헌 메모나 영구보관용 메모를 요약하여 발전시킨 메모입니다. 문헌메모와 영구보관용 메모보다는 한 단계 높은 수준의 메모입니다.

📄 025. 의견 메모 템플릿

```
---
aliases : []
tags :
---

### 1.
노트 :
-

### 2.
노트 :
-

### 3.
노트 :
-

### 생각의 연결고리
분야 :
키워드 :

관련있는 메모 :
-

동일한 의견 :
-

반대되는 의견 :
-

질문 :
-

해답 :
-

주장 :
-
```

<의견 메모의 구성>

1. 상단에는 aliases와 태그를 입력합니다.

2. 가운데는 여러 개의 문헌 메모나 영구보관용 메모를 백링크 [[ ]]로 연결하고 자신의 생각을 작성합니다. 문헌 메모나 영구보관용 메모의 개수는 중요하지 않습니다. 동일한 주제를 가진 메모라면 모두 연결하여 하나의 생각으로 발전시키는 것입니다.

3. 하단에는 생각의 연결고리를 기록합니다.

- **분야**에는 의견 메모와 관련된 모든 분야를 기록합니다.
- **키워드**에는 의견 메모의 키워드를 작성합니다.
- **관련있는 메모**에는 의견 메모와 관련 있는 모든 메모를 백링크 [[ ]]로 연결합니다.
- **동일한 의견**에는 의견 메모와 비슷한 메모를 백링크 [[ ]]로 연결합니다.
- **반대되는 의견**에는 의견 메모와 반대되는 메모를 백링크 [[ ]]로 연결합니다.
- **질문**에는 의견 메모를 작성하면서 드는 의문이나 질문을 입력합니다. 텍스트로 입력해도 되고, 백링크로 입력해도 됩니다.
- **해답**에는 질문에 대한 해답이 되는 내용을 입력합니다. 텍스트로 입력해도 되고, 백링크로 입력해도 됩니다.
- **주장**에는 의견 메모를 정리하여 백링크 [[ ]]를 새로 만들거나 기존의 주장을 입력합니다.

주장 메모 템플릿

주장 메모는 여러 개의 의견 메모를 모아서 특정 주제에 대한 자신의 주장을 기록하는 것입니다. 다음의 템플릿을 활용하면 그동안 작성한 메모들을 논리적으로 정리할 수 있습니다.

📄 **026. 주장 메모 템플릿**

```
---
aliases : []
tags :
---
```

{{title}}

Situation
-

Complication
-

Question
-

Answer
-

생각의 연결고리
분야 :
키워드 :

결론 :
-

동일한 주장 :
-

반대되는 주장 :
-

두번째 뇌 :
-

<주장 메모의 구성>

1. 상단에는 메타데이터를 입력합니다.

2. 가운데는 여러 개의 의견을 모아서 논리적으로 배열합니다. 논리적인 구조를 만들기 위해서 바바라 민토가 제시한 SCQA(Situation—Complication—Question—Answer)를 활용합니다. SCQA에 대한 내용은 5장에서 자세히 설명하겠습니다.

3. 하단에는 생각의 연결고리를 기록합니다.

- 분야에는 주장 메모가 속한 인덱스를 기록합니다.
- 키워드에는 주장 메모의 키워드를 기록합니다.
- 결론에는 주장의 내용을 1~3문장으로 요약하여 기록합니다. 텍스트로 입력해도 되고 백링크로 입력해도 됩니다.
- 동일한 주장에는 자신의 주장과 동일한 주장을 백링크 [[ ]]로 기록합니다.
- 반대되는 주장에는 자신의 주장과 반대되는 주장을 백링크 [[ ]]로 기록합니다.
- 두 번째 뇌에는 완성된 주장 메모를 연결할 두 번째 뇌를 백링크 [[ ]]로 기록합니다.

두 번째 뇌 템플릿

두 번째 뇌 템플릿은 동일한 분야의 여러 주장들을 일목요연하게 정리한 템플릿입니다. 지금까지 모아온 메모들의 최종 결과물이라고 할 수 있으며, 특정 분야의 지식이 필요할 때 바로 활용이 가능합니다.

📄 **027. 두번째 뇌 템플릿**

```
---
aliases : []
tags :
---
```

{{title}}
목차

-

개요

-

1.

2.

3.

생각의 연결고리
분야 :
키워드 :

<두 번째 뇌 메모의 구성>

1. 상단에는 메타데이터를 입력합니다.

2. 가운데는 두 번째 뇌에 저장될 지식의 개요를 작성합니다. 지금까지 작성된 메모들을 활용하여 연구한 내용을 요약하는 것입니다.

3. 하단에는 블록 레퍼런스 기능으로 주장 메모를 표시합니다. 메모를 직접 작성할 필요는 없습니다. 또한 생각의 연결고리로 분야와 키워드를 기록합니다. 이 두 번째 뇌 템플릿에 대해서는 5장에서 더 자세히 다루겠습니다.

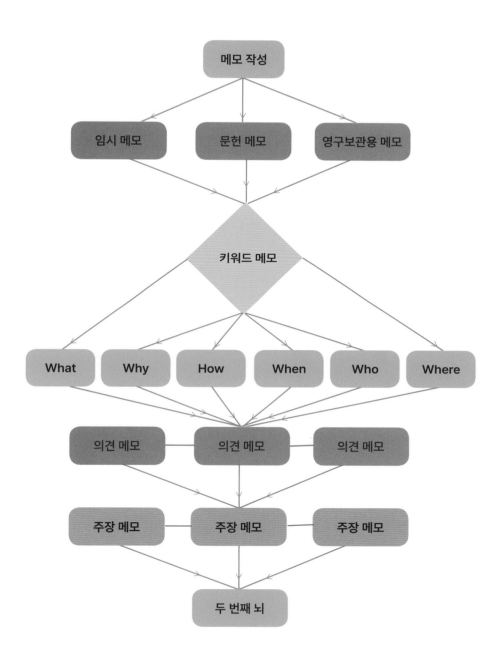

메모 작성

임시 메모　　문헌 메모　　영구보관용 메모

키워드 메모

What　　Why　　How　　When　　Who　　Where

의견 메모　　의견 메모　　의견 메모

주장 메모　　주장 메모　　주장 메모

두 번째 뇌

제텔카스텐식 메모의 구조

메타데이터와 제텔카스텐 실행

5-1

개요

메모 작성에 앞서서 먼저 살펴보아야 할 것은 메타데이터와 키워드, 그리고 기타 정보를 기록하는 방법입니다. 메타데이터와 키워드를 정해진 규칙에 따라서 작성하지 않는다면 메모의 연결 및 확장성이 떨어지게 되므로 작성법을 꼭 숙지해야 합니다.

메타데이터에서 에일리어스(aliases)는 연관성 있는 메모를 찾는 데 사용하는 기능입니다. aliases는 옵시디언의 편집뷰에서는 텍스트로만 표시되지만 프리뷰에서는 메타데이터 박스로 나타납니다. 이 메타데이터 박스에 표시되는 내용은 aliases와 tags인데, 이 두 가지는 반드시 영어로 입력해야 인식이 됩니다. 우선 aliases를 입력하는 방법을 살펴보겠습니다.

5-2

aliases 작성하기

aliases는 별명, 또는 별칭이라는 뜻으로 동일한 개념이지만 다른 용어를 사용하는 메모를 찾아주는 기능입니다. 예를 들면 '생각'과 '사고'처럼 비슷한 개념이지만 서로 다른 단어를 연결할 수 있도록 제안해 주는 기능이 바로 aliases이며, 기존의 메모들을 최대한 활용하여 거미줄처럼 서로 유기적으로 얽힌 지식을 만들 수 있도록 돕습니다.

　　aliases에 활용하는 방법은 아래의 그림처럼 상단에 표의 가로줄을 나타내는 대시(-)를 3개를 입력하고, 행갈이를 하여 대괄호 [ ] 안에 연관성이 있는 단어들을 입력합니다. 그리고 다시 행갈이를 하여 또 한 번 대시(-)를 3개 입력합니다.

```
---
aliases: [사람, 인간, 인류]
---
```

<편집뷰>　　　　　　　　　　　　　　　　<프리뷰>

　　이렇게 입력한 단어들은 오른쪽 사이드바 백링크 패널의 '링크가 없는 언급들'에서 검색이 되며, 메모 속에서 하이라이트로 표시가 됩니다. 그리고 그 하이라이트로 표시된 단어에 마우스 포인트를 옮기면 나타나는 '링크걸기'를 클릭하면 해당 단어가 포함된 노트가 현재 작업 중인 노트와 백링크로 연결이 됩니다. 백링크로 전환되는 규칙은 [[메모의 제목|검색된 단어]]로, 예를 들어 '사람' 노트에서 aliases 기능으로 '인간'이 기록된 노트를 링크 걸기하게 되면 [[사람|인간]]이라고 표시가 됩니다. 이 '인간'이란 단어가 포함된 노트의 프리뷰에서 '인간'을 클릭하면 원래 작업 중이던 '사람' 노트로 연결되어 상호연결이 되는 셈입니다. 참고로 편집뷰에서는 [[메모의 제목|검색된 단어]]로 보이던 것이 프리뷰에서는 [[검색된 단어]]로만 보이게 됩니다.

　　aliases 기능은 옵시디언에서만 사용할 수 있고 제텔카스텐에 특화된 기능입니다. 메모를 작성하다 보면 비슷한 개념을 가지고 있지만 용어가 달라서 누락되는 메모가 발생하는데 aliases를 활용하면 연결 가능성이 있는 모든 메모를 최대한 많이 찾아서 연결할 수 있습니다.

5-3

tags 작성하기

tags는 메모의 부가적인 정보를 전달해 주는 역할을 합니다. tags에는 메모의 종류, 메모의 출처, 메모의 진행사항 등을 입력합니다. 메타데이터 박스에서 tags를 클릭하면 왼쪽 사이드바에서 해당 태그가 검색됩니다. 검색의 결과물을 살펴보면 tags로 연결되어 있는 모든 메모를 찾을 수 있습니다. tags를 입력하는 방법은 다음과 같습니다.

메모의 종류
현재 작성하고 있는 메모의 종류에 따라 아래와 같이 작성합니다.

tags : [임시메모]

tags : [문헌메모]

tags : [영구보관용메모]

tags : [의견메모]

tags : [주장메모]

tags : [두번째뇌]

tags : [키워드]

메모의 종류를 기록해 두는 이유는 메모의 종류를 파악하여 상위 그룹 메모로 발전시킬지 아닐지 결정하기 위해서 입니다. 예를 들어 임시 메모라고 표시되어 있으면 며칠 내로 이 메모를 영구보관용 메모로 발전시킬 것인지 삭제할 것인지 결정해야 합니다.

메모의 출처

메모의 원본 소스를 태그로 기록하는 것입니다. 예를 들어 책을 읽고 메모를 쓴다면 [책], 논문을 읽고 메모를 쓴다면 [논문]으로 기록합니다. 만약 원본 소스가 텍스트가 아닌 미디어(동영상, 사진, 음악 등)라면 [유튜브], [사진], [음악] 등으로 입력합니다.

tags : [임시메모, 음악]

tags : [문헌메모, 책]

tags : [영구보관용메모, 유튜브]

메모의 진행사항

현재 메모를 편집하고 있는지, 작성이 완료되었는지 등을 확인하는 태그입니다.

메모 작업이 아직 준비단계라면 ➡ tags : [준비]

메모를 작성하고 있으면 ➡ tags : [작성중]

모든 작업이 완료되었으면 ➡ tags : [완료]

업데이트가 필요하면 ➡ tags : [업데이트]

검토가 필요한 메모라면 ➡ tags : [검토]

텍스트를 아직 읽지 않았다면 ➡ tags : [읽기]

텍스트를 읽고 있다면 ➡ tags : [읽는중]

텍스트를 다 읽었다면 ➡ tags : [완독]

이렇게 메모의 진행사항을 표시해 두면 메모를 완성하기 위해 필요한 추가적인 작업이 무엇인지 알 수 있습니다. 예를 들어 메모의 내용이 뭔가 부족하다고 느낀다면 [업데이트]를 입력하고, 아직 메모를 정리하지 못하고 있다면 [준비]를 입력할 수 있습니다.

최종적으로, 영구 보관용 메모를 유튜브 영상을 소스로 하여 작성 완료하였다면 아래의 그림처럼 표시할 수 있습니다. **Tags : [메모의 종류, 메모의 출처, 메모의 진행사항]**이 모두 채워지는 겁니다.

```
---
aliases: [사람, 인간, 인류]
tags: [영구보관용메모, 유튜브,
완료]
---
```

<편집뷰>   <프리뷰>

5-4

키워드

키워드의 사전적 의미는 '데이터를 검색할 때 특정한 내용이 들어 있는 정보를 찾기 위하여 사용하는 단어나 기호'입니다. 제텔카스텐 시스템에서 키워드는 3가지 역할을 합니다. 첫 번째는 메모를 검색하는 검색어로 사용됩니다. 키워드가 가지고 있는 본래의 의미처럼 특정한 내용이 들어간 메모를 찾는 것입니다. 옵시디언의 검색창에서 특정 단어를 입력하면 특정 단어가 기록된 메모를 찾을 수 있습니다. 두 번째는 메모의 핵심개념을 설명하는 데 사용합니다. 메모에서 가장 중심이 되는 생각이 키워드이며 이 키워드를 중심으로 생각을 나열하거나 설명을 하는 것이 곧 메모라는 행위입니다. 따라서 메모를 한 마디로 정리하고자 한다면 이 키워드를 제시하면 됩니다. 세 번째는 메모와 메모를 연결해 주는 중간다리 역할입니다. 제텔카스텐은 메모들 간의 연결이 매우 중요하며, 키워드를 통해 메모들을 나열하면 메모 간의 연관성을 훨씬 쉽게 찾을 수 있습니다.

그런데 키워드와 관련해서 주의해야 할 사항은 태그와 명확히 구분해야 한다는 것입니다. 키워드가 메모의 핵심적인 내용을 담고 있다면 태그는 메모의 부가적인 정보를 저장하는 것입니다. 태그가 없어도 메모들을 연결하고 생각을 발전시키는 데는 문제가 없지만, 키워드가 없으면 메모의 연결할 수 있는 장치가 없기 때문에 생각을 발전시키기 어렵습니다. 키워드와 태그를 헷갈리지 않도록 주의해 주세요.

키워드 작성하는 방법

키워드를 작성할 때는 백링크 [[ ]]와 해시태그(#) 두 가지 기능을 모두 사용합니다. 백링크 [[ ]]는 관련 메모를 모으고 정리하기 위한 목적이고 해시태그(#)는 키워드의 트리 구조를 만들기 위한 목적입니다. 또한 키워드는 메모의 연결고리가 될 수 있도록 핵심개념, 지식의 활용목적, 계층 구조, 이렇게 세 가지 종류로 기록해야 하며, 이 세 가지 종류는 다음처럼 활용도가 각각 다릅니다.

1. [[핵심개념]]은 메모의 가장 중심된 생각입니다. 핵심개념을 백링크 [[ ]]로 작성하는 이유는 키워드 템플릿 활용하여 키워드와 연관 있는 모든 메모를 정리하기 위해서 입니다. 예를 들어 [[제텔카스텐]]이라는 키워드를 클릭하여 [[제텔카스텐]] 노트로 이동한 후에 4장에서 만든 키워드 템플릿을 불러옵니다. 그다음, 오른쪽 사이드바의 백링크 패널에 있는 '언급된 링크' 기능을 활용하여 제텔카스텐과 관련되어 있는 모든 메모를 찾습니다. 그리고 '언급된 링크'에 있는 메모들을 하나씩 드래그를 하여 육하원칙에 맞게 분류하거나 하단에 있는 '관련 있는 메모'로 옮깁니다. 덧붙여 aliases기능을 활용하여 제텔카스텐과 비슷한 뜻이지만 다른 단어로 사용된 메모들도 찾습니다. 예를 들어 **aliases: [제텔카스텐, 메모상자]**라고 입력하고 '링크가 없는 언급들'에서 '메모상자'가 기록된 메모를 찾아서 '링크 걸기'를 클릭하거나 [[제텔카스텐]] 노트로 드래그합니다. 그러면 [[제텔카스텐]] 노트에 제텔카스텐과 관련된 모든 메모가 모이게 되거나 링크로 연결됩니다.

2. [[지식의 활용 목적]]은 [[핵심개념]]에서 확장되는 생각을 기록하는 키워드입니다. 예를 들어 [[제텔카스텐]]이라는 키워드는 [[제텔카스텐의 개념]], [[제텔카스텐의 활용법]] 등으로 생각이 파생됩니다. 이러한 파생되는 생각을 정리하는 것이 [[지식의 활용 목적]]입니다. 그런데 파생되는 생각을 왜 정리해 두어야

할까요? 메모를 쓰다 보면 생각이 꼬리에 꼬리를 물게 됩니다. [[제텔카스텐]]을 알게 되었으면 [[제텔카스텐의 역사]]가 궁금해지고, [[제텔카스텐과 창의성의 관계]]가 궁금해지게 마련입니다. 이렇게 [[지식의 활용 목적]] 키워드를 작성하면 메모가 자연스럽게 연결되는 구조를 만들 수 있습니다. 그렇다면 [[지식의 활용 목적]]은 어떻게 정리해야 할까요? 가장 쉬운 방법은 육하원칙으로 정리하는 것입니다. What, Why, How, When, Where, Who로 생각을 파생시키고 정리하면 메모를 논리적으로 정리할 수 있습니다. 예를 들어 [[제텔카스텐의 개념]]이라고 하면 제텔카스텐을 설명하는 메모이므로 What에 해당된다고 할 수 있습니다. 그리고 [[제텔카스텐을 사용해야 하는 이유]]는 제텔카스텐의 필요성을 설명하고 있으므로 Why에 해당하는 메모입니다. 이렇게 아래의 그림처럼 육하원칙으로 정리한 키워드를 메모에 기록하면 지식의 활용 목적을 분명히 할 수 있습니다. 즉, 메모를 살펴보다가 '내가 이 메모를 왜 작성했지?'라는 의구심을 사라지게 만들어 주고, 메모가 아무리 많아진다고 하더라도 필요한 메모만 찾아서 확인할 수 있습니다.

- 1. What
  - 1-1. 제텔카스텐이란
  - 1-2. 4차 산업혁명이란 무엇인가
  - 1-3. 창의력이 무엇인가
- 2. Why
  - 2-1. 제텔카스텐을 활용해야 하는 이유
  - 2-2. 4차 산업혁명이 우리에게 중요한 이유
  - 2-3. 창의력을 발전시켜야 하는 이유
- 3. How
  - 3-1. 제텔카스텐을 활용할 수 있는 방법
  - 3-2. 4차 산업혁명의 선구자가 될 수 있는 방법
  - 3-3. 창의력을 발전시킬 수 있는 방법

3. 계층 구조는 해시태그(#)와 슬래시(/)를 이용하여 메모의 핵심개념과 육하원칙에서 파생된 생각의 구조를 확인할 수 있게 합니다. 예를 들어 **키워드: #제텔카스텐/1_what/제텔카스텐의_개념**라고 입력하면 아래의 그림처럼 오른쪽 사이드바의 태그 패널에서 키워드와 키워드의 확장 구조를 확인할 수 있습니다. 태그 패널을 사용하는 이유는 연관성이 있는 메모가 있는지 확인하기 위해서입니다. 만약 태그 패널에서 What에 해당하는 다른 메모가 있다면 [[제텔카스텐의 개념]]과 연결할 수 있는 메모인지 확인할 수 있습니다. 단순한 계층 구조로만 보지 말고 이렇게 연관성 있는 메모가 있는지 없는지 확인하는 것이 중요합니다.

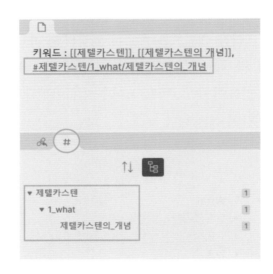

지금까지 키워드를 작성하는 방법을 살펴봤습니다. 조금은 복잡하고 어렵게 느껴질 수도 있지만 키워드를 잘 기록하면 메모의 개수가 아무리 많아지더라도 메모의 활용률을 높일 수 있습니다. 수많은 메모들을 무작위로 찾지 말고 정돈된 키워드로 신속하고 정확하게 찾아서 활용해 보세요.

5-5

기타정보

앞서 살펴 본 요소들 말고도 메모의 검색과 연결을 도와주는 요소들은 더 다양하게 존재할 수 있습니다. 이 책에서는 어떤 텍스트를 읽고, 정리하고, 거기서 얻은 정보들을 바탕으로 자신만의 생각을 발전시키는 가장 일반적인 메모의 과정에 필요한 정보들을 제공하고 있지만 각자의 상황과 개성에 맞게 얼마든지 메타데이터를 더 풍성하게 만들 수 있습니다.

분야

분야를 기록하는 것은 현재 작성하고 있는 메모가 어느 인덱스에 소속되어 있는지 정확하게 확인하기 위해서입니다. 예를 들어 '회화'이라고 했을 때, 영어 회화와 프랑스어 회화는 다르므로 작성하고 있는 메모가 영어에 속한다면 '영어 회화'라고 확실히 표시해 두는 게 좋습니다. 분야는 해시태그로 메모의 인덱스를 입력하면 됩니다. 예를 들어 **분야: #400언어/420영어/421영어회화**라고 입력하면 오른쪽 사이드바의 태그 패널에 해당 분야가 아래의 그림처럼 계층화되어 표시되는 것을 확인할 수 있습니다.

문헌 메모뿐만 아니라 모든 종류의 메모에 분야를 기록해 두면 태그 패널에서 해당 분야와 관련 있는 메모의 개수를 파악하고 연결이 가능한 메모가 있는지 확인할 수 있습니다. 이때 주의해야 할 점은 관련 있는 모든 분야를 입력해야 한다는 겁니다. 메모의 개념이 2~3개 분야에 걸쳐 있다면 모두 입력해 주세요. 그러면 원본이 속해 있는 분야를 뛰어넘어 다른 분야의 메모와도 연결될 수 있는 발판이 될 수 있습니다.

출처와 저자

출처와 저자도 빠질 수 없는 요소입니다. 만약 책이나 논문에 어떤 인용구를 삽입할 때 그 출처를 찾는 데만 한참이 걸린다면 그것만큼 시간의 낭비도 없습니다. 그렇다고 대충 표기했다가는 언젠가 표절 시비에 걸려들 것이 뻔합니다. 텍스트의 출처와 저자는 백링크 [[ ]] 안에 표기합니다. 예를 들어『글 쓰는 인간을 위한 두 번째 뇌, 제텔카스텐』을 읽고 문헌 메모를 쓴다면 출처는 당연히 [[도서 제텔카스텐]]이 됩니다. 이렇게 해당 도서에 대한 문헌 메모를 쓸 때마다 출처를 기록해 두면 오른쪽 사이드바 백링크 패널의 '링크된 언급들'에 그동안 [[도서 제텔카스텐]]에 대해 기록한 모든 메모들의 목록이 나옵니다. 이 메모들을 하나씩 드래그하여 현재 작성 중인 메모로 이동시키면 해당 도서를 읽고 작성한 모든 메모를 한곳에 모을 수 있습니다. 또한 [[숀케 아렌스]]와 같이 저자 또한 출처와 따로 분리해서 기록해 두는 것이 좋습니다. 한 권의 책에 여러 명의 저자가 있을 수도 있고 한 명의 저자가 관련된 책을 여러 권 썼을 수도 있기 때문입니다. 그리고 만약 출처가 웹페이지나 유튜브일 경우에는 **출처 : [[네트워크형 메모 리뷰]] URL : www.zklab.kr**처럼 제목 뒤에 해당 웹주소까지 기록해 두는 것이 좋습니다.

```
---
aliases: [제텔카스텐, 메모상자]
Tags : [문헌메모, 책, 완료]
---
```
출처: [[도서 제텔카스텐]]
저자: [[숀케 아렌스]]
URL :
인용 : 통찰력은 쉽게 얻어지는 것이 아니
며, 글쓰기란 단지 주장을 피력하는 데만
쓰이는 것이 아니라 공유할 가치가 있는
통찰을 성취하기 위한 주요 도구임
을 잘 알고 있는 여러분을 위한 책이라는
말이다. 21쪽

<편집뷰>

출처 : 도서 제텔카스텐
저자 : 숀케 아렌스
URL :
인용 : 통찰력은 쉽게 얻어지는 것이 아니
며, 글쓰기란 단지 주장을 피력하는 데만
쓰이는 것이 아니라 공유할 가치가 있는
통찰을 성취하기 위한 주요 도구임을 잘
알고 있는 여러분을 위한 책이라는 말이
다. 21쪽

<프리뷰>

5-6

메모 작성의 실제

지금까지 메타데이터 작성법을 살펴보았습니다. 지금부터는 제텔카스텐
식 메모란 실제로 어떤 모습인지 알아보겠습니다. 일간노트, 임시 메모, 문헌 메
모, 영구보관용 메모, 키워드 메모, 의견 메모, 주장 메모, 두 번째 뇌 메모 등 제
텔카스텐을 구성하는 메모들의 특징을 잘 숙지하고 있으면 여러분들 각자가 관심
을 가지고 있는 분야의 메모를 작성할 때도 자연스럽게 적용할 수 있을 겁니다.

5-6-1

일간노트와 임시 메모

일간노트는 매일 일상에서 필요한 내용을 기록하는 메모입니다. 하루 일과 중에 발생하는 개인 일정이나 업무 등을 기록할 수도 있고 일기처럼 작성할 수도 있습니다. 또한 읽어야 할 텍스트나 시청해야 할 미디어의 목록 등을 정리해도 됩니다. 이런 목록을 관리하여 완료 여부를 체크하면 자기계발을 위해서나 회사의 업무를 위해서나 생산성을 높일 수 있습니다.

그런데 제텔카스텐 시스템의 관점에서 보면 일간노트의 주된 용도는 임시 메모를 작성하는 것입니다. 문득 좋은 생각과 아이디어가 떠올랐는데 기록을 하지 않아서 기억 속에서 완전히 사라진 경험을 해 보셨을 겁니다. 이럴 때는 즉시 일간노트에 임시 메모를 기록합니다. 임시 메모의 저장 위치나 카테고리를 생각하지 않고 바로 입력하기 위해서 일간노트를 사용하는 것입니다.

임시 메모를 작성할 때 염두에 두어야 할 첫 번째 원칙은 하루에 있었던 소소한 일, 개인적인 생각, 업무와 관련된 내용 등을 모두 기록해야 한다는 점입니다. 아무리 사소한 내용이라도 임시 메모에 기록하는 것이 좋습니다. 예를 들어 식료품 구입 목록, 문득 떠오르는 아이디어, 개인 일정 등을 기록해 두면 메모를 할 당시에는 별로 중요하지 않게 생각되었던 내용에서 새로운 가치를 발견될 수도 있습니다. 또한 임시 메모를 하다보면 자신이 하루에 얼마나 많은 생각을 하고 있는지, 또 가치 있는 생각은 얼마나 하고 있는지 자각하게 됩니다.

두 번째 원칙은, 임시 메모는 일정 기간이 지나면 삭제하거나 영구보관용 메모로 발전시켜야 한다는 점입니다. 삭제를 하는 이유는 메모에 과부하가 걸리지 않도록 하려는 목적입니다. 중요하지도 않은 임시 메모가 계속 쌓이게 되면 정리하는 데 상당한 시간이 걸립니다. 아날로그 방식과는 달리 저장 공간이 거의 무한대인 디지털 세상에서는 중요하든 중요하지 않든 자신이 쓴 메모를 모두 보관해 두면 나중에 개인적인 역사가 되지 않냐고요? 맞는 말입니다. 하지만 제텔카스텐 시스템을 구현한다는 입장에서 보면 임시 메모만 잔뜩 쌓여 있는 것은 그만큼 더 발전된 생각으로 나아가기 위한 시도를 게을리했다는 불명예스러운 증거일 뿐입니다. 메모를 효율적으로 관리하기 위해서는 목적을 다한 임시 메모는 빠르게 삭제하는 것이 좋습니다.

임시 메모 작성의 실제

일간노트 템플릿의 임시 메모 항목에 생각나는 대로 자유롭게 무엇이든 쓰면 됩니다. 다만 마지막에 **#임시메모**라고 입력해야만 나중에 태그 패널이나 검색으로 해당 메모를 찾을 수 있습니다. 그날 저녁이나 다음날 아침 임시 메모들을 불러와서 다음과 같이 처리해 봅시다.

임시메모

- 퇴근 후 마트에서 식료품 구입 #임시메모
- 제텔카스텐 스터디 참여하기 #임시메모
- 도서 <제텔카스텐> 읽기 #임시메모
- 프로젝트 보고서 작성 준비 #임시메모
- [[시장조사 보고서.pdf]] 읽기 #임시메모

- **퇴근 후 마트에서 식료품 구입**은 식료품을 모두 샀다면 더 이상 의미가 없는 메모입니다. 삭제하세요.

- **제텔카스텐 스터디 참여하기**는 제텔카스텐 스터디를 알리는 임시 메모입니다. 하지만 스터디를 참여하여 배운 내용을 영구보관용 메모로 발전시키고 싶다는 생각이 들었다면, 임시 메모 제목을 백링크로 묶어 [[제텔카스텐 스터디 참여하기]]로 만들고 스터디 모임에서 배운 내용을 기록합니다.

- **도서 <제텔카스텐> 읽기**의 경우, 현재 책을 읽는 중이라면 [[도서 제텔카스텐]]이라고 입력하여 새로운 노트를 만들고 문헌 메모 템플릿을 삽입하여 문헌 메모로 발전시킵니다.

- **프로젝트 보고서 작성 준비**의 경우에는 당장해야 할 일은 아니지만 중요한 일이기 때문에 잊지 않기 위해서 메모를 남겨두었습니다. 만약 해당 업무에 착수하게 되면 일간노트 하단의 '2.업무' 인덱스에 [[프로젝트 보고서 작성 준비]] 노트를 만들고 업무 내용을 기록합니다.

- **[[시장조사 보고서.pdf]]**는 메모가 아니라 pdf파일을 첨부한 것입니다. 임시 메모를 통해 이 문서를 읽어야 한다는 사실을 알려주는 것입니다. 이 문서를 읽기 시작했다면 문헌 메모를 만들어서 내용을 정리합니다. 아직 읽지 않았다면 임시 메모로 남겨두면 됩니다. 참고로 첨부파일은 '0.지식창고/010.기타정보/011.첨부파일' 인덱스에 저장되어 있습니다.

5-6-2

문헌 메모

문헌 메모는 텍스트나 미디어 등에서 발견한 중요한 개념과 문장들을 기록하는 메모입니다. 이때 반드시 인용구의 출처를 기록해 두어야 합니다. 출처가 빠지면 문헌 메모가 될 수 없습니다. 문헌 메모는 영구보관용 메모로 발전시키거나 다른 메모의 의견 및 주장의 근거로 활용될 수 있지만, 그렇다고 해서 문헌 메모를 반드시 영구보관용 메모로 발전시켜야 하는 것은 아닙니다. 문헌 메모에 포함된 생각의 연결고리들은 독립적인 활용 가치가 있기 때문입니다. 그리고 문헌 메모 또한 새로운 노트를 생성해서 만들기보다는 일간노트에 함께 기록하는 것이 더 효율적입니다. 그 이유는 저장 위치를 고민하지 않아도 되고, 날짜별로 작성된 문헌 메모를 확인하면 자신이 책이나 논문 등을 읽은 날짜를 추적할 수 있기 때문입니다.

문헌 메모를 쓸 때 염두에 둘 점은 문헌 메모가 단순히 원본 텍스트를 복사하고 붙여넣는 것이 아니라는 것입니다. 원본 텍스트의 내용을 1~2 문장으로 요약하여 노트의 제목에 입력해 두면 나중에 메모를 다시 읽어볼 때 원본 텍스트를 빠르게 이해할 수 있도록 도와줍니다. 그리고 앞서 잠시 언급했지만 텍스트 원본의 서지정보를 철저하게 기록해야 합니다. 책이나 논문 등은 저자, 출판일, 출판사 등의 정보를 기록하고 블로그, 신문 기사 등에서 특정 내용을 인용했다면 그 URL을 기록합니다.

서지정보를 입력해야 하는 이유는 나중에 해당 자료를 다시 찾아서 검토할 때 사용할 수 있기 때문입니다. 만약 서지정보가 정확하지 않다면, 좋은 인용구를 활용하지 못하고 폐기해야 하는 경우가 발생합니다. 출판물의 경우, 서지정보는 조테로(Zotero)와 같은 프로그램을 사용하여 정리할 수 있습니다. 웹 문서나 웹 페이지의 경우에는 웹클리퍼를 사용하면 간편하게 출처를 정리할 수 있습니다.

문헌메모 작성의 실제

- 일간노트에 백링크 [[ ]]를 사용해서 출처의 제목을 입력합니다. 예를 들어 [[도서 제텔카스텐]]과 같이 입력하고 해당 노트로 이동한 다음, 단축키를 활용하여 문헌 메모 템플릿을 불러옵니다.
- 문헌 메모 템플릿 상단의 메타데이터를 입력합니다. 출처, 저자, URL도 입력합니다.
- 인용구를 기록합니다. 그리고 분야와 키워드, 관련 있는 메모를 기록합니다.
- 인용구를 1~2문장으로 요약하고 노트의 제목에 입력합니다.
- 문헌 메모 작성이 완료되었으면 일간노트로 이동합니다.

5-6-3

영구보관용 메모

영구보관용 메모는 나의 고유한 생각을 기록하는 메모로 제텔카스텐 시스템의 기반이 되는 메모입니다. 영구보관용 메모를 제대로 활용하기 위해서 우리는 다음과 같은 6가지 원칙을 따라야 합니다.

첫째, 1개의 영구보관용 메모에 1개의 생각만 기록해야 합니다. 예를 들어 3개의 생각이 기록된 메모와 1개의 생각이 기록된 메모를 서로 연결하려고 한다면, 하나는 연결고리가 3개, 다른 하나는 연결고리가 1개인 셈이기 때문에 억지로 연결시킨다고 해도 불안정해 보일 수밖에 없습니다. 이런 일을 방지하기 위해 생각의 연결고리를 1개씩만 가진 메모들로 생각의 연결을 탄탄하게 만드는 것이 바로 제텔카스텐의 핵심적인 철학입니다.

둘째, 인용구를 나의 언어로 '번역'해야 합니다. 메모를 작성할 때, 출처의 인용구를 그대로 복사해서 보관하는 것이 아니라 인용구를 읽고 이해한 내용을 기록해야 합니다. 인용구는 다른 사람의 생각입니다. 인용구를 나의 언어로 번역하면 저자의 생각이 나의 생각으로 전환됩니다. 인용구를 나의 언어로 번역하다 보면 그동안 알지 못했던 새로운 사실을 배우게 됩니다. 나의 언어로 번역되지 않는 지식은 그저 사라질 뿐입니다.

셋째, 메타데이터를 활용해야 합니다. 특정한 목적을 가지고 구조화된 메타데이터는 메모를 목적별로, 분야별로, 종류별로 나누어 그룹을 만들어 줍니다. 메모가 많아지다 보면 그때그때 필요한 메모를 찾는 것이 어려워집니다. 이럴 때는 검색기능보다는 메타데이터를 활용하여 그룹 안에서 정확하게 관련된 메모만 찾는 것이 훨씬 효율적입니다.

넷째는 원본 텍스트의 맥락을 해체하고 새로운 맥락으로 정리해야 합니다. 인용구는 원본의 맥락 속에 존재하며 그 맥락에서 벗어나서는 의미가 통하지 않습니다. 예를 들어 '그는 수도(首都)로 이사했습니다'라는 문장에서 '수도'는 저자가 한국에 살고 있다는 문맥으로 보면 서울이 되고, 저자가 미국에 살고 있다는 문맥으로 보면 워싱턴DC가 됩니다. 따라서 영구보관용 메모에 원본의 맥락을 모두 담을 수 없다면 원래의 맥락을 해체하고 나만의 맥락을 담아 미래의 내가 알아들을 수 있도록 만들어야 합니다. 『글 쓰는 인간을 위한 두 번째 뇌, 제텔카스텐』에서 숀케 아렌스 교수는 이에 대해 다음과 같은 조언을 했습니다. 영구보관용 메모는 나중에 어떤 맥락에서 적었는지 잊게 되더라도 그 내용을 완벽히 이해할 수 있도록 자세히 적어야 한다(p.73). 만약 영구보관용 메모를 만들고 며칠 후 다시 읽었을 때 메모가 이해가 되지 않는다면 원래의 맥락이 제대로 해체되지 않은 것입니다. 언제 읽어봐도 이해가 될 수 있도록 나만의 새로운 맥락을 담아 자세하게 기록해 두어야 합니다.

다섯째, 메모와 메모를 연결하기 위해서는 생각의 연결고리를 활용해야 합니다. 메모와 메모를 연결하기 위한 장치로 우선 aliases와 키워드가 있습니다. 또한 영구보관용 메모 템플릿의 하단에 있는 '생각의 연결고리' 항목도 메모와 메모를 연결해 주는 역할을 합니다. 영구보관용 메모에서 이 세 가지 연결고리는 상위 그룹 메모를 만들 수 있는 발판이 됩니다. 제텔카스텐의 핵심은 메모의 연결과 생각의 발전이며 영구보관용 메모가 바로 그 역할을 맡고 있습니다.

여섯째, 분명한 의도를 가지고 메모를 작성해야 합니다. 특정한 의도 없이 작성된 메모는 활용가치가 떨어집니다. 나중에 메모를 찾아보고 '내가 왜 이 메모를 만들었지?'라는 생각이 든다면 그 메모에는 분명한 의도가 없었던 겁니다. '이 메모는 개념을 설명하는 데 사용해야겠다', '이 메모는 증거자료로 활용해야겠다' 등의 분명한 의도를 가지고 영구보관용 메모를 작성해야 합니다. 분명한 의도는 애써 만든 메모가 활용되지 못하고 버려지는 것을 방지합니다.

영구보관용 메모 작성의 실제

임시 메모를 영구보관용 메모로 전환하는 방법과 문헌 메모를 영구보관용 메모로 전환하는 방법을 각각 살펴보겠습니다.

<임시 메모 ☞ 영구보관용 메모>

📄 **한 개의 메모에 한 가지 생각만 기록해야 다른 메모와 연결이 가능하다.**

```
---
aliases: [제텔카스텐, 메모상자]
Tags : [영구보관용메모, 스터디, 완료]
---
```
분야 : #지식관리/제텔카스텐/스터디모임
출처 : [[스터디 모임]]
저자 : [[제텔카스텐 연구소]]
URL :
인용 :
- 제텔카스텐은 1개의 메모에 1개의 아이디어만 기록한다.
- 1개의 메모에 1개의 아이디어만 기록해야 어떤 메모와도 연결될 수 있다.
- 메모는 어떤 메모와도 연결될 수 있는 연결고리를 만드는 것이 중요하다.

생각의 연결고리
분야 : #800문학/810문장작접/811제텔카스텐
키워드 : [[제텔카스텐]], [[제텔카스텐의 개념]], #제텔카스텐/what/제텔카스텐의_개념

생각의 확장:
- 제텔카스텐 방식으로 메모를 하려면 핵심만 간단하게 기록하는 것이 필요
- 메모가 길어질 경우에는 메모 작성이 완료된 후에 메모를 아이디어별로 정리한다.
- 아이디어별로 정리한 내용을 영구보관용 메모로 작성한다.

관련있는 메모 :
- [[제텔카스텐의 개념]], [[제텔카스텐의 활용법]]

추가로 조사할 내용 :
- 제텔카스텐이 실생활에서 사용되는 사례

의견 :
- [[제텔카스텐은 생각을 정리하는 도구이다]]

- 일간노트에 있는 임시 메모 '제텔카스텐 스터디 참여하기'에 백링크 [[ ]]를 삽입하여 새로운 노트를 만듭니다.

- [[제텔카스텐 스터디 참여하기]]로 이동하고 템플릿 삽입하기 단축키를 활용하여 영구보관용 메모 템플릿을 삽입합니다.

- 메타데이터를 차례대로 입력합니다.

- 출처는 모임의 성격을 백링크로 [[ ]]로 기록합니다.

- 인용에는 스터디에서 배운 내용을 기록합니다.

- 생각의 연결고리의 분야에는 영구보관용 메모가 속한 인덱스를 기록합니다.

- 키워드에는 핵심개념, 지식의 활용 목적, 계층구조를 작성합니다.

- 생각의 확장에는 스터디에서 깨달은 점이나 자신의 생각을 기록합니다.

- 관련 있는 메모에는 백링크 [[ ]]로 스터디와 관련된 메모를 기록합니다.

- 추가로 조사할 내용에는 앞으로 조사할 내용을 그냥 텍스트, 혹은 백링크 [[ ]]로 기록합니다.

- 의견에는 작성하고 있는 메모와 연관성이 있는 의견 메모가 있을 때 백링크 [[ ]]로 기록합니다.

- 영구보관용 메모를 전체 요약하여 제목에 입력합니다. 제목은 노트 창 맨 위에 있는 바를 클릭하면 언제든지 바꿀 수 있습니다.

<문헌 메모 ☞ 영구보관용 메모>

📄 **제텔카스텐을 활용하면 한 분야의 깊은 통찰력을 얻을 수 있다.**　　　　　　🗒

---
aliases: [제텔카스텐, 메모상자]
Tags : [영구보관용메모, 책, 완료]

출처 : [[도서 제텔카스텐]]
저자 : [[숀케 아렌스]]
URL :
인용 : 통찰력은 쉽게 얻어지는 것이 아니며, 글쓰기란 단지 주장을 피력하는 데만 쓰이는 것이
아니라 공유할 가치가 있는 **통찰을 성취하기 위한 주요 도구**임을 잘 알고 있는 여러분을 위
한 책이라는 말이다. 21쪽

생각의 연결고리
분야 : #800문학/810문장작접/811제텔카스텐
키워드 : [[제텔카스텐]], [[제텔카스텐의 개념]], #제텔카스텐/what/제텔카스텐의_개념
생각의 확장 :
- 통찰력이 성취하기 위한 목적으로 글을 써야 한다.
- 통찰력은 글을 쓰면서 만들어진다.
- 제텔카스텐은 메모를 활용하여 통찰력을 얻는 것이다.

관련있는 메모 :
- [[제텔카스텐의 개념]], [[제텔카스텐의 활용법]]

추가 조사 :
- 제텔카스텐이 활용되는 실사례

의견 :
- [[제텔카스텐은 생각을 정리하는 도구이다]]

- 문헌 메모의 생각의 연결고리 항목에 [[신규 영구보관용 메모]]를 만듭니다.

- [[신규 영구보관용 메모]]로 이동하고 단축키를 사용하여 영구보관용 메모 템플릿을 불러옵니다.

- 영구 보관용 메모 템플릿에 문헌 메모의 메타데이터를 복사합니다.

- 블록 레퍼런스 기능을 활용하여 문헌 메모의 인용구를 표시하거나 인용구를 직접 작성합니다.

- 생각의 연결고리의 분야에는 영구보관용 메모가 속한 인덱스를 기록합니다.

- 키워드에는 핵심개념, 지식의 활용 목적, 계층구조를 작성합니다.

- 생각의 확장에는 문헌 메모를 통해 깨달은 점이나 자신의 생각을 기록합니다.

- 관련있는 메모에는 백링크 [[ ]]로 해당 내용과 관련된 메모를 기록합니다.

- 추가 조사에는 앞으로 더 조사할 내용을 그냥 텍스트, 혹은 백링크 [[ ]]로 기록합니다.

- 의견에는 작성하고 있는 메모와 연관성이 있는 의견 메모가 있을 때 백링크 [[ ]]로 기록합니다.

- 영구보관용 메모를 전체 요약하여 제목에 입력합니다.

5-6-4

키워드 메모

키워드 메모는 하위그룹인 임시 메모, 문헌 메모, 영구보관용 메모와 상위 그룹인 의견 메모, 주장 메모를 연결해 주는 중간다리 역할을 하는 메모입니다. 키워드 메모는 3가지 단계로 구성되어 있습니다.

첫 번째 단계는 키워드의 개념을 정의하고 관련분야를 정하는 것입니다. 어떤 단어가 지닌 본래의 사전적 의미, 예를 들어 '촉매'라고 하면 화학에서 '자신은 변화하지 않으면서 다른 물질의 화학 반응 속도를 빠르게 하거나 늦추게 하는 물질'을 의미합니다. 그런데 이런 사전적인 의미는 분야가 달라지면 그 의미도 변하게 됩니다. '촉매'를 경제분야에 적용하게 되면 '경제를 성장시킬 수 있는 수단이나 방법'이 되고, 심리학에 적용하면 '마음의 변화를 일으킬 수 있는 수단이나 방법'이 됩니다. 이처럼 같은 단어라도 분야에 따라 키워드의 개념이 달라집니다. 따라서 키워드의 분야를 설정하고 그에 해당하는 정의를 내려야 앞으로 그 키워드를 어떤 의미로 사용하고 발전시킬 수 있을지 판단할 수 있습니다. 다음 그림의 예시처럼 '촉매'에 대한 정의를 분야별로 기록한 키워드 메모가 있으면 앞으로 '촉매' 관련 메모들의 개념이 뒤섞이는 것을 방지할 수 있습니다. 시간을 들여서 키워드의 정의를 만들어 보세요.

```
---
aliases : [촉매]
tags : [키워드, 작성중]
---
```

촉매

정의

- 분야 : #400과학/430화학/431화학의기초개념
  - 자신의 변화하지 않으면서 다른 물질의 화학 반응 속도를 빠르게 하거나 늦추게 하는 것
- 분야 : #300사회과학/320경제학/322경제정책
  - 경제를 성장시킬 수 있는 수단이나 방법
- 분야 : #100철학/180심리학/181심리학각론
  - 마음의 변화를 일으키는 수단이나 방법

두 번째는 [[지식의 활용 목적]]을 육하원칙으로 분류하고 메모의 연결고리를 만드는 것입니다. 어떤 메모를 상위 그룹의 메모로 발전시키기 위해서는 메모들을 서로 연결시킬 수 있는 매개체가 있어야 하는데 그 매개체 역할을 할 수 있는 것이 바로 '누가, 언제, 어디에서, 무엇을, 어떻게, 왜'라는 육하원칙입니다. 육하원칙 중에서도 핵심이 되는 것은 What, Why, How입니다. Where, Who, When은 부가적인 정보를 기록하는 용도로 활용합니다. 키워드 메모는 What → Why → How의 순서대로 정리를 합니다. What이 문제를 제기하고, Why가 그 원인을 분석하고, How가 해결점을 제시해 주는 논리적인 구조를 만드는 겁니다. What, Why, How의 구조로 메모들을 정리할 때는 다음의 질문을 참고해 보세요.

- What is the situation you are facing(당신이 겪고 있는 상황은 무엇인가)?

- Why it happened(왜 그런 일이 일어났는가)?

- How can it be solved(어떻게 해결할 수 있는가)?

그리고 부가정보인 Where, Who, When 또한 다음의 질문을 참고하여 정리해 보세요.

- Where will you use it(어디에서 이 메모를 사용할 것인가)?

- Who will use it(누가 사용할 것인가)?

- When will you use it(언제 사용할 것인가)?

육하원칙을 기준으로 작성한 키워드 메모의 예시는 다음과 같습니다.

📄 **키워드**

- 1. What
  - 1-1. [[제텔카스텐이란]]
  - 1-2. [[4차 산업혁명이란 무엇인가]]
  - 1-3. [[창의력이 무엇인가]]

- 2. Why
  - 2-1. [[제텔카스텐을 활용해야 하는 이유]]
  - 2-2. [[4차 산업혁명이 우리에게 중요한 이유]]
  - 2-3. [[창의력을 발전시켜야 하는 이유]]

- 3. How
  - 3-1. [[제텔카스텐을 활용할 수 있는 방법]]
  - 3-2. [[4차 산업혁명의 선구자가 될 수 있는 방법]]
  - 3-3. [[창의력을 발전시킬 수 있는 방법]]

- 4. 기타
  - 4-1. [[신입 직원 워크숍]]
  - 4-2. [[대학교 강당]]
  - 4-3. [[신입 직원 대상]]
  - 4-4. [[2022년 신입 대학생]]
  - 4-5. [[보고서 작성할 때]]
  - 4-6. [[위로가 필요할 때]]

세 번째는 육하원칙에 의해 분류된 메모를 요약하여 상위 그룹의 메모로 발전시키는 것입니다. 예를 들어, What에 있는 [[제텔카스텐이란]], [[제텔카스텐의 기본 개념]], [[제텔카스텐의 활용법]]에 연결된 메모를 살펴보면서 **의견 메모를** 만듭니다. 의견 메모가 완성이 되었으면 역시 동일한 주제의 의견 메모를 모아서 **주장 메모로** 발전시킵니다. 주장 메모는 무작위로 정리하는 것이 아니라 SCQA(Situation-Complication- Question-Answer)에 따라서 정리해야 합니다. S와 C에는 What과 기타정보, Q에는 Why, A에는 How에 있는 메모를 요약해야 하는데 더 자세한 내용은 주장 메모 항목에서 살펴보겠습니다. 주장 메모까지 작성을 하였으면 이 분야에 대한 지식과 정보를 모두 모아서 **두 번째 뇌 메모를** 만듭니다. 위와 같은 메모들의 예시는 아래와 같습니다.

📄 **키워드2**

- **5. 의견**
  - 5-1. [[제텔카스텐의 개념 소개 및 활용법]]

- **6. 주장**
  - 6-1. [[제텔카스텐을 활용해야 창의성이 증가한다]]

- **7. 두번째 뇌**
  - 7-1. [[제텔카스텐의 이해와 활용]]

5-6-5

의견 메모

의견 메모는 문헌 메모와 영구보관용 메모를 연결하고 요약하여 만든 메모입니다. 따라서 문헌 메모와 영구보관용 메모보다는 더 발전된 생각이 담기게 됩니다. 의견 메모는 상향식 구조로 메모를 발전시키고 있다는 증거입니다. 상향식 구조에 대해 바바라 민토는 『논리의 기술』에서 다음과 같은 규칙을 이야기하고 있습니다. 어떤 계층에 있는 메시지이든 하위그룹의 메시지를 요약해야 한다. 그룹 내의 메시지는 항상 동일한 종류여야 한다. 그룹 내의 메시지는 항상 논리적 순서로 배열되어야 한다(pp. 34-35).

바바라 민토의 말처럼 의견 메모는 여러 개의 하위 그룹 메모를 요약하여 만듭니다. 예를 들어 [[제텔카스텐의 개념]], [[제텔카스텐의 역사]], [[제텔카스텐의 선구자]]라는 3개의 메모를 그룹으로 묶고 내용을 요약하면 [[제텔카스텐의 개요]]라는 의견 메모를 만들 수 있습니다. 단순히 메모를 연결하는 것이 아니라 생각을 발전시키려는 노력과 고민이 필요하며, 이때 영구보관용 메모 템플릿에 있는 **생각의 연결고리** 항목이 도움이 될 수 있습니다. 이 항목의 특징은 키워드보다 훨씬 자유롭게 연결고리를 만든다는 것입니다. 키워드는 육하원칙에 따라 정리하지만 '생각의 연결고리'는 연결될 가능성이 있는 모든 메모를 백링크 [[ ]]로 기록합니다. 이 과정을 통해, 분야를 뛰어넘어 메모가 연결될 수 있고 전혀 관련이 없어 보이던 메모도 연결될 수 있습니다. 연결고리를 많이 만든다고 해서 문제가 될 것은 없습니다. 거미줄처럼 촘촘하게 연결고리가 만들어질 수 있도록 **생각의 연결고리** 항목을 활용해 보세요.

의견 메모 작성의 실제

📄 제텔카스텐을 활용하면 새로운 지식을 만들 수 있는 이유 ✏ ✕ ⋮

▼ METADATA

Aliases ↗ 제텔카스텐 ↗ 메모상자

Tags #의견메모 #완료

1. 제텔카스텐을 통해 저자와 대화를 나눌 수 있는 이유
노트 :

- 제텔카스텐은 저자의 한 가지 생각을 가져와서 정리한다.
- 이 과정을 통해 저자가 의미한 바를 깊이 생각하게 된다.
- 그러다보면 저자가 의도한 바를 깨달을 수 있다.

2. 생각과 생각이 모일 때 통찰력이 만들어 지는 이유
노트 :

- 한 가지 생각은 다른 생각과 연관성이 있다.
- 그런 사실을 모르고 지나칠 때가 많다.
- 하지만 제텔카스텐은 생각의 연관성을 깨닫게 만들고 무언가를 깨달을 수 있도록 안내자 역할을 한다.

3. 지식간의 상호작용이 더 높은 지적 생산성을 만들어내는 이유
노트 :

- 독립되고 고립된 지식은 없다.
- 모든 지식은 다 연결이 되어있다.
- 지식간의 상호작용은 몰랐던 내용을 깨닫게 하여 지적 능력을 향상시킨다.

생각의 연결고리

분야 : #800문학/810문장작접/811제텔카스텐
키워드 : 제텔카스텐, 제텔카스텐을 활용해야 하는 이유, #제텔카스텐/의견/제텔카스텐을_활용해야_하는_이유
관련있는 메모 : 해외 사용자들의 제텔카스텐 실사례
동일한 의견 : 제텔카스텐은 창의성을 개발한다
반대되는 의견 : 단편적인 지식은 숲을 보지 못 하게 한다
질문 : 제텔카스텐으로 책을 쓰는 방법
해답 : 제텔카스텐 방식으로 책을 쓴 Ryan Holiday
주장 : 제텔카스텐은 나만의 지식창고를 만들 수 있는 유일한 방법이다

- 메타데이터를 입력합니다. 영구보관용 메모에서 이미 작성한 메타데이터를 복사하여 붙여넣어도 됩니다.

- **의견 메모**에 사용할 모든 문헌 메모와 영구보관용 메모를 백링크 [[ ]]로 작성합니다. 이 예시에서는 Why에 해당하는 3가지 메모 [[제텔카스텐을 통해 저자와 대화를 나눌 수 있는 이유]], [[생각과 생각이 모일 때 통찰력이 만들어 지는 이유]], [[지식 간의 상호작용이 더 높은 지적 생산성을 만들어 내는 이유]]를 사용했습니다.

- **문헌 메모**나 영구보관용 메모 아래에 추가적인 자신의 생각을 기록합니다. 여기서 중요한 것은 문헌 메모와 영구보관용 메모에 작성한 생각을 더 발전시켜야 한다는 겁니다. 단순히 내용을 반복해서는 안 됩니다.

- **생각의 연결고리**에는 이 의견 메모를 다시 상위 그룹인 주장 메모로 발전시키기 위해 필요한 비슷한 의견이나 반대되는 의견을 백링크 [[ ]]로 소환합니다. 이는 의견 메모 간의 상호작용을 통해 의견 메모를 더 논리적이고 체계적으로 구성하기 위한 것입니다.

- **관련있는 메모**에는 문헌 메모나 영구보관용 메모에서 의견 메모를 뒷받침하거나 근거자료로 사용할 수 있는 메모를 백링크 [[ ]]로 기록합니다.

- **동일한 의견**에는 작성하고 있는 메모와 비슷한 내용이 있는 의견 메모를 백링크 [[ ]]로 기록합니다. 작성하고 있는 의견을 강화하기 위해 필요합니다.

- **반대되는 의견**에는 작성하고 있는 메모와 반대되는 내용이 있는 의견 메모를 백링크 [[ ]]로 기록합니다. 다른 의견을 참고하여 작성하고 있는 의견 메모의 약점을 보완하기 위해서 필요합니다.

- **질문**에는 의견 메모를 작성하면서 드는 의문을 백링크 [[ ]]로 기록합니다. 질문을 하는 행위는 메모를 연결시킬 연결고리를 발견하여 상위 그룹으로 발전시킬 수 있는 촉매제가 될 수 있습니다. 좋은 질문 자체가 곧 해답이 될 수 있기 때문에 질문을 깊이 생각하고 기록합니다.

- **해답**은 질문에 대한 해답을 백링크 [[ ]]로 기록합니다. 해답은 질문에 대한 반응을 기록하는 것이기에 바로 작성할 수도 있고 나중에 작성할 수도 있습니다. 해답을 작성하는 과정을 통해 생각을 발전시킬 수 있습니다.

- **주장**은 여러 개의 의견 메모를 요약한 내용을 백링크 [[ ]]로 기록합니다. 의견 메모의 생각을 최종적으로 정리하는 것이 주장 메모입니다.

- **의견 메모**를 전체 요약하여 제목에 입력합니다.

5-6-6

주장 메모

　　주장 메모는 다양한 의견 메모들을 모아서 특정 주제에 대한 나의 주장을 기록하는 메모입니다. 결국 문헌 메모와 영구 보관용 메모로 시작된 메모가 의견 메모를 거쳐 주장 메모로 완성되는 것입니다. 그렇기에 주장 메모를 작성할 준비가 되었다면 특정한 주제에 대해 상당한 지식과 정보가 쌓였다는 증거입니다.

　　주장 메모에 나의 주장을 기록하려면 논리적으로 배열해야 합니다. 논리적이지 않은 주장은 다른 사람들이 이해할 수 없거나 신빙성이 떨어져 그동안 기록하고 모았던 모든 메모가 한순간 쓸모 없어지게 됩니다. 이런 점을 방지하기 위해서 우리는 바바라 민토가 제시한 Situation(상황)—Complication(문제)—Question(질문)—Answer(해답) 구조를 사용해야 합니다. 바바라 민토는 글의 도입부를 구성할 때 SCQA를 권하고 있으나, 문제를 정의하고 원인을 분석하고 해결점을 제시한다는 점에서 주장 메모에도 충분히 적용할 수 있는 논리적인 구조입니다. 앞서 육하원칙으로 분류된 의견 메모를 Situation(상황), Complication(문제), Question(질문), Answer(해답)의 순서대로 다시 정리하면 다음과 같습니다.

- **Situation** - What의 의견 메모
- **Complication** - What의 의견 메모

- **Question** - Why의 의견 메모
- **Answer** - How의 의견 메모

　　Situation은 특정 주제에 대한 상황을 분석하고 문제점을 지적하는 내용입니다. Situation 하단에는 What으로 분류된 의견 메모를 백링크 [[ ]]로 연결합니다. 그리고 그 의견 메모를 활용하여 더 나아간 상황 분석과 문제점을 기록합니다. 생각을 계속 발전시켜나가는 것입니다. 필요하다면 문헌 메모나 영구 보관용 메모를 근거자료나 예시로 사용할 수도 있습니다. 그동안 축적된 지식이 담긴 모든 메모를 활용하는 겁니다. 예를 들어 제텔카스텐을 공부하고 연구하면서 만든 메모를 활용하여 [[제텔카스텐 방식의 메모는 지적 생산성을 향상시킨다]]를 Situation에 기록합니다. 그리고 그 이유에 대해 자신의 생각을 기록합니다.

　　Complication은 Situation과 갈등이 되는 상황을 설명합니다. Complication 하단에도 역시 What으로 분류된 의견 메모를 백링크 [[ ]]로 연결합니다. 또는 의견 메모에 있는 생각의 연결고리 항목에서 '반대되는 의견'을 백링크 [[ ]]로 연결할 수도 있습니다. 앞서 Situation에서는 '제텔카스텐이 메모의 지적 생산성을 향상시킨다'고 주장했으므로 Complication에서는 지적 생산성이 향상되지 않는 이유나 제텔카스텐의 효과에 대해 동의하지 않는 내용을 기록하는 것입니다. 예를 들어 [[제텔카스텐을 배우고 활용하는 것은 어렵다]]와 같은 의견 메모를 만들면 됩니다.

　　Question은 Situation과 Complication에서 논의된 내용에 대한 질문을 합니다. Question 하단에는 Why로 분류된 의견 메모를 백링크 [[ ]]로 연결합니다. 또는 의견 메모에 있는 생각

의 연결고리 항목에서 '질문'을 백링크 [[ ]]로 연결할 수도 있습니다. Question은 '제텔카스텐이 생산성을 향상시킨다'는 Situation과 이에 대해 반대하는 Complication의 토론을 보면서 드는 문제점을 기록하는 것입니다. 두 개의 의견 메모를 보면서 [[제텔카스텐을 활용하면 지적 생산성이 증가하는가]]와 같은 의견 메모가 만들어집니다(**주의**: 옵시디언의 파일 이름에는 ?를 포함하여 * " / \ < > : | 등의 기호들을 사용할 수 없습니다. 따라서 백링크 안에 해당 기호들이 들어가지 않도록 해야 합니다).

Answer는 Question에 대한 해답을 제시합니다. Answer의 하단에는 How로 분류된 의견 메모를 백링크 [[ ]]로 연결합니다. 또는 의견 메모에 있는 생각의 연결고리 항목에서 '해답'을 백링크 [[ ]]로 연결할 수도 있습니다. Answer는 Situation과 Complication의 토론으로 만든 Question에 답을 하는 것입니다. 나의 주장과 생각이 응집된 부분입니다. 제텔카스텐에 대해서 공부하고 연구한 결과로 [[제텔카스텐은 나의 지적 생산성을 100% 향상시켜준다]]와 같은 메모를 제시할 수 있게 된 것입니다.

종합하자면, 육하원칙에 따라 분류되고 발전된 의견 메모가 SCQA 구조로 전환되어 주장 메모를 이끌어 낸다고 할 수 있습니다. 이 과정을 통해 어떤 주제에 대해 정의를 내리고, 문제점을 발견하고, 해결점을 찾아 결론적으로 그 주제에 대한 체계적이고 논리적인 주장을 펼칠 수 있게 되는 겁니다.

주장 메모 작성의 실제

제텔카스텐으로 극강의 지적 생산성 경험하기

▼ METADATA

Aliases → 제텔카스텐   → 메모상자

Tags #주장메모   #스터디   #완료

Situation

- 제텔카스텐 방식의 메모는 지적 생산성을 향상시킨다
  - 제텔카스텐은 한 분야를 지속적으로 연구할 수 있는 환경이 조성되어 있다.
  - 그런 환경속에서 지속적인 연구를 통해 새로운 통찰력을 얻을 수 있다.
  - 연구한 지식을 필요할 때마다 확인할 수 있기 지적 능력도 향상된다.

Complication

- 제텔카스텐은 배우고 활용하는 것이 어렵다
  - 제텔카스텐은 아직은 대중에게는 생소하다. 따라서 활용법이 전무한 상황이다.
  - 제텔카스텐을 배울 수 있는 교육 커리큘럼이 부재한 상황이다.

Question

- 제텔카스텐을 활용하면 지적 생산성이 증가하는가
  - 제텔카스텐으로 지적 생산성이 증가한 사례가 있는가?
  - 어떤 점에 지적이 능력을 향상시킬 수 있는가?

Answer

- 제텔카스텐은 나의 지적 생산성을 100% 향상시켜준다.
  - 제텔카스텐은 한 분야에 대한 연구를 지속적으로 할 수 있는 환경을 조성하고 새로운 통찰력도 얻을 수 있기에 지적 능력을 향상시킬 수 있다.
  - 제텔카스텐이 아직 대중화되지 않았지만, 읽기 - 메모 - 생각의 발전 이라는 간단한 시스템이기 때문에 쉽게 배울 수 있고 활용할 수 있다. 실제로, 제텔카스텐 방식으로 글을 쓰거나 책을 쓰는 사람들이 있다.

생각의 연결고리

분야 : #800문학/810문장작접/811제텔카스텐
키워드 : 제텔카스텐, 제텔카스텐의 개념, #제텔카스텐/what/제텔카스텐의_개념

결론 : 제텔카스텐으로 한 분야를 집중적으로 공부하고 연구함으로 한 분야에 대한 통찰력을 얻게 되고 지적 생산성도 증가할 수 있다.

동일한 주장 : 메모의 중요성

반대되는 주장 : 단편화된 지식의 문제점

두번째 뇌 : 지식관리 방법

- **신규 노트**를 만들고 주장 메모 템플릿을 삽입합니다.

- **메타데이터**에 정보를 입력합니다. 의견 메모에서 이미 작성한 메타데이터를 복사하여 붙여넣어도 됩니다.

- **키워드**는 주장 메모 단계에 맞게 작성합니다.

- **SCQA**에 따라 What, Why, How에 속한 의견 메모를 나열합니다. 필요에 따라 문헌 메모, 영구보관용 메모, 혹은 기타 정보에 있는 메모를 활용해도 됩니다.

- **의견 메모** 아래에 추가적인 생각이나 새롭게 떠오른 아이디어를 기록합니다. 텍스트로 입력해도 되고 생각나는 다른 메모가 있다면 백링크 [[ ]]로 연결합니다. 생각을 계속해서 발전시키는 과정입니다. 만약 새로운 생각이 떠오르지 않는다면 문헌 메모, 영구보관용 메모, 의견 메모 등을 찾아보면서 생각을 다시 정리해 보세요. 제텔카스텐은 비선형 구조이기 때문에 전혀 다른 내용의 메모라도 사소한 연결고리가 있으면 자유롭게 가져와서 자신의 생각을 발전시킬 수 있습니다. 그렇게 얻게 된 창의적인 생각이나 새로운 통찰력을 의견 메모 하단에 작성하는 것입니다.

- **생각의 연결고리**에는 해당 주장의 결론을 간략하게 작성합니다. 이는 나중에 주장 메모를 살펴봤을 때, 결론을 신속하게 확인하기 위한 목적입니다. 동일한 주장이나 반대되는 주장을 백링크 [[ ]]로 연결합니다. 그리고 해당 주장이 속한 두 번째 뇌 메모를 백링크 [[ ]]로 연결합니다.

두 번째 뇌 메모

두 번째 뇌는 그동안 메모들을 연결하여 발전시킨 모든 지식의 결정체가 담긴 메모입니다. 따라서 두 번째 뇌 메모에는 새로운 생각이나 아이디어를 추가하지 않습니다. 이런 두 번째 뇌 메모를 작성할 때는 다음과 같은 옵시디언의 기능 두 가지를 꼭 알아야 합니다(3-2 참조).

하나는 블록을 링크로 설정하는 기능입니다. 두 번째 뇌 메모의 목차를 만들 때 사용하는 이 기능은 목차 패널을 이용하는 것이 아니라, 두 번째 뇌 메모 내에서 지정한 블록으로 이동하는 링크를 목차로 활용하는 것입니다. 블록으로 링크 설정하는 방법은 다음과 같습니다. 두 번째 뇌 템플릿의 ## 목차 하단에 겹대괄호 [[ ]]를 입력합니다. 그리고 겹대괄호 안에 아무 제목도 입력하지 않은 상태에서 ^를 입력하면 밑의 그림처럼 두 번째 뇌 메모에 있는 모든 블록 목록이 나옵니다.

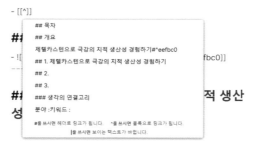

옵션창에서 주장 메모가 있는 **##1. 제텔카스텐으로 극강의 지적 생산성 경험하기** 블록을 선택합니다. 그러면 아래의 그림처럼 [[#^c9490d]]와 같은 임의의 번호가 표시됩니다. 임의의 번호로는 어떤 블록인지 알 수 없으니 버티컬 바(|)를 활용하여 임의 번호 오른쪽에 제목을 입력합니다. [[#^c9490d|제텔카스텐으로 극강의 지적 생산성 경험하기]], 이렇게 작성한 링크는 프리뷰에서 제텔카스텐으로 극강의 지적 생산성 경험하기로 표시가 됩니다. 이를 클릭하면 두 번째 뇌 메모 안에 있는 **##1. [[제텔카스텐으로 극강의 지적 생산성 경험하기]]** 항목으로 바로 이동하게 됩니다. 이런 내부 링크는 두 번째 뇌 메모 안에 항목이 많을 때 유용하게 사용할 수 있습니다.

```
---
aliases: [제텔카스텐, 메모상자]
Tags : [두번쟤 뇌, 스터디, 완료]
---
```

목차
- [[#^c9490d|제텔카스텐으로 극강의 지적 생산성 경험하기]]

<편집뷰>

목차

- 제텔카스텐으로 극강의 지적 생산성 경험하기

<프리뷰>

다른 하나는 노트 미리보기 기능입니다. 이 기능은 백링크 앞에 !만 붙여주면 됩니다. 예를 들어 다음 그림처럼 ![[제텔카스텐으로 극강의 지적 생산성 경험하기]]와 같이 입력하면 프리뷰에서 박스 안에 담긴 해당 메모를 미리 볼 수 있습니다. 노트 미리보기 기능을 사용하는 이유는 다른 데로 이동하지 않고 주장 메모를 그 자리에서 읽을 수 있기 때문입니다.

1. ![[제텔카스텐으로 극강의 지적 생산성 경험하기]]

<편집뷰>

1.

제텔카스텐으로 극강의 지적 생산성 경험하기

Situation

- 제텔카스텐 방식의 메모는 지적 생산성을 향상시킨다
    - 제텔카스텐은 한 분야를 지속적으로 연구할 수 있는 환경이 조성되어 있다.
    - 그런 환경속에서 지속적인 연구를 통해 새로운 통찰력을 얻을 수 있다.
    - 연구한 지식을 필요할 때마다 확인할 수 있기 지적 능력도 향상된다.

Complication

- 제텔카스텐은 배우고 활용하는 것이 어렵다
    - 제텔카스텐은 아직은 대중에게는 생소하다. 따라서 활용법이 전무한 상황이다.
    - 제텔카스텐을 배울 수 있는 교육 커리큘럼이 부재한 상황이다.

<프리뷰>

두 번째 뇌 메모에 주장 메모들을 나열하고 블록으로 가는 링크와 노트 미리보기까지 설정을 마쳤다면 이제 마지막 단계인 개요를 만드는 일만 남았습니다. 개요는 따로 작성할 필요 없이 주장 메모의 결론에 있는 내용만 노트 미리보기 기능으로 가져오면 됩니다. 이 방법은 위에서 소개한 첫 번째 기능과 두 번째 기능을 모두 활용해야 합니다. 다음 페이지 그림처럼 백링크 앞에 !를 붙여 미리보기를 만들고 백링크 [[ ]] 안 텍스트 뒤에 ^를 입력하면 나타나는 옵션창에서 결론을 선택합니다. 예를 들어 ![[제텔카스텐으로 극강의 지적 생산성 경험하기#^eefbc0]]와 같이 만들면 됩니다. 이렇게 주장 메모의 결론만 미리보기를 할 수 있으면 두 번째 뇌 메모에 포함된 주장 메모에 어떤 내용이 있는지 빠르게 파악할 수 있습니다.

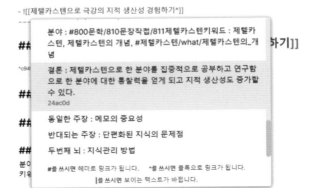

개요

- ![[제텔카스텐으로 극강의 지적 생산성 경험하기^]]

분야 : #800문학/810문장작접/811제텔카스텐키워드 : 제텔카스텐, 제텔카스텐의 개념, #제텔카스텐/what/제텔카스텐의_개념

결론 : 제텔카스텐으로 한 분야를 집중적으로 공부하고 연구함으로 한 분야에 대한 통찰력을 얻게 되고 지적 생산성도 증가할 수 있다.
24ac0d

동일한 주장 : 메모의 중요성

반대되는 주장 : 단편화된 지식의 문제점

두번째 뇌 : 지식관리 방법

#를 쓰시면 헤더로 링크가 됩니다.   ^를 쓰시면 블록으로 링크가 됩니다.
|를 쓰시면 보이는 텍스트가 바뀝니다.

두 번째 뇌는 그동안 수많은 메모들을 연결하면서 만든 나만의 지식을 보관하는 장소입니다. 이런 논리적이고 가치 있는 지식들이 점점 쌓이게 되면 일종의 개인 위키백과가 되어 특정한 문제에 대한 해답을 찾거나 궁금증을 해결하는 데 활용할 수 있습니다.

📄 제텔카스텐의 소개와 활용법

```
---
aliases: [제텔카스텐, 메모상자]
Tags : [두번재 뇌, 스터디, 완료]
---
```

목차

- [[#^c9490d|제텔카스텐으로 극가의 지적 생산성 경험하기]]

개요

- ![[제텔카스텐으로 극강의 지적 생산성 경험하기 #^eefbc0]]
---

1. ![[제텔카스텐으로 극강의 지적 생산성 경험하기]]

^c9490d

2.

3.

생각의 연결고리
분야 :
키워드 :

<편집뷰>

📄 제텔카스텐의 소개와 활용법

▼ METADATA

Aliases ↗ 제텔카스텐   ↗ 메모상자

Tags #두번재 #뇌 #스터디 #완료

목차

- 제텔카스텐으로 극가의 지적 생산성 경험하기

개요

- 결론 : 제텔카스텐으로 한 분야를 집중적으로 공부하고 연구함으로 한 분야에 대한 통찰력을 얻게 되고 지적 생산성도 증가할 수 있다.

1.

제텔카스텐으로 극강의 지적...

Situation

- 제텔카스텐 방식의 메모는 지적 생산성을 향상시킨다
  - 제텔카스텐은 한 분야를 지속적으로

<프리뷰>

인생을 바꾸는 1,000개의 메모

6-1

개요

지금까지 임시 메모, 문헌 메모, 영구보관용 메모를 활용하여 의견 메모를 만들고, 의견 메모를 모아서 주장 메모를 만들고, 주장 메모를 모아 두 번째 뇌 메모를 만드는 과정을 살펴보았습니다. 이로써 제텔카스텐으로 생각을 발전시키고 나만의 지식을 만들 수 있는 토대가 마련되었습니다. 그렇다면 제텔카스텐을 어떻게 실생활에 적용할 수 있을까요?

6-2

실현 가능한 목표 설정하기

두 번째 뇌 메모까지 다다르려면 꾸준히 메모하는 습관을 길러야 합니다. 그렇다면 여기서 중요한 질문이 있습니다. 하루에 몇 개의 메모를 작성해야 할까요? 일상생활에서 그때그때 떠오르는 생각을 적는 임시 메모는 며칠만 지나도 상당량이 쌓이게 마련입니다. 그러나 지식을 기반으로 한 문헌 메모나 영구보관용 메모는 하루에 만들 수 있는 양이 제한적입니다. 그래서 1년을 기준으로 하루에 몇 개의 메모를 만들 것인지 목표를 세우고 제텔카스텐을 실행하는 것이 최대한 많은 두 번째 뇌 메모를 만드는 길입니다.

6-2-1

하루에 메모 2~3개

목표를 세우려면 한 가지 질문을 해야 합니다. "나는 하루의 몇 개의 메모를 작성할 수 있을까?" 우리는 생업을 위해 언제나 바쁜 일상을 살고 있기 때문에 문헌 메모나 영구보관용 메모는 현실적으로 생각해 봤을 때, 하루에 2~3개가 적당합니다. 하루에 2~3개일 뿐이지만 1년 동안 지속하면 약 1,000개의 메모를 만들 수 있습니다.

1년 동안 1,000개의 메모를 목표로 삼아야 하는 이유는 두 가지입니다. 첫째는 단순히 하루 이틀 관련 분야의 메모를 작성한다고 해서 훌륭한 지식이 만들어지지는 않기 때문입니다. 마치 장을 담그듯, 특정 주제에 대해 깊이 생각하고 고민하고 관련 자료를 찾아보는 숙련의 시간이 필요합니다. 단기간에 나만의 지식이 만들어질 거라고 생각하면 오산입니다.

둘째는 1년 동안 꾸준히 메모를 하다 보면 의견이나 주장에 적합한 자료나 사례들이 늘어나게 마련이기 때문입니다. 한 개의 의견 메모에 1개의 자료가 있는 것보다는 10개의 자료가 있는 것이 의견이나 주장의 신빙성을 높입니다. 이런 메모들을 활용하여 거미줄처럼 탄탄하게 연결되어 있는 의견이나 주장을 만들어 낸다면 논리적으로 빈틈 없는 지식을 완성시킬 수 있을 겁니다.

6-2-2

꾸준히 메모하게 만드는 팁

하루에 2~3개의 문헌 메모나 영구보관용 메모를 만들려면 다음과 같은 다섯 가지 습관을 들이는 것이 효과적입니다.

첫째, 하루에 꼭 한 번은 책상에 앉아서 책을 읽거나 생각하는 시간을 갖는 것입니다. 출근 전이나 퇴근 후 30분에서 1시간 정도 시간을 정해보세요. 그 시간만큼은 온전히 집중할 수 있는 환경을 마련해서 메모를 작성한다면 1년 안에 1,000개의 메모를 충분히 만들 수 있습니다.

둘째, 이북이나 태블릿 같은 IT 기기를 사용하여 책을 읽고 메모하는 습관을 들입니다. 바쁜 일상 생활 속에서 종이책의 인용구를 컴퓨터로 옮기는 작업은 상당히 번거로운 일입니다. 대신 이북의 하이라이트 기능을 활용하면 텍스트를 직접 입력하지 않아도 되기 때문에 단순 작업하는 시간은 줄어들고 생각할 수 있는 시간은 늘어납니다.

셋째, 스마트폰의 카메라를 활용하는 방법입니다. 대중교통을 타고 이동할 때 책의 인용구를 카메라로 촬영을 한 다음 S펜이나 애플 펜슬로 떠오르는 생각들을 사진 위에 필기하는 겁니다. 이 방법은 짧은 시간 안에 뭔가를 써두어야 할 때 유용합니다. 그러나 사진첩 속에서 메모가 점점 뒤로 밀려서 메모한 사실조차 잊어버릴 수가 있기 때문에 카메라를 활용한 메모는 최대한 빨리 정리를 하는 게 좋습니다.

넷째, 웹 클리퍼 기능을 활용합니다. 인터넷 커뮤니티나 SNS을 보다 보면 좋은 문구, 사진, 감동적인 이야기 등을 발견하게 되는데, 웹 클리퍼를 통해 이런 종류의 글과 이미지들을 저장해 두면 문헌 메모로 활용할 수도 있고 영구보관용 메모로 발전시킬 수도 있습니다. 그런데 스크랩만 하고 메모로 정리하지 않는다면 아무 소용이 없습니다. 스크랩된 게시물은 100여 개가 다 되어가는데, 정리한 내용은 겨우 10개 정도밖에 안 된다면 스크랩을 한 의미가 없어지게 됩니다. 스크랩한 내용은 당일이나 다음 날까지 정리하는 것이 좋습니다.

다섯째, 메모를 음성으로 녹음합니다. 어떤 책을 읽고 문득 떠오른 생각을 종이에 기록할 수 없는 상황이라면 스마트폰의 녹음 기능을 활용하여 메모를 남기는 겁니다. 음성 메모는 나중에 음성을 텍스트로 변환해야 하는 번거로움이 있지만 녹음된 파일을 텍스트로 전환해 주는 앱이나 서비스 등을 활용할 수도 있고, 갑자기 떠오른 생각을 그냥 흘러보내는 것보다는 녹음해 두는 게 훨씬 현명한 선택입니다.

마지막으로 계속 스스로 동기부여하는 것도 중요합니다. 캘린더에 현재까지 몇 개의 메모를 작성했는지, 1,000개의 메모라는 목표 달성을 위해 남은 메모는 몇 개인지 체크해 보세요. 메모를 하다가 중단하면 그동안의 노력도 수포로 돌아갈 수 있습니다. 스스로를 다독이며 꾸준히 메모하는 것이 중요합니다.

6-3

두 번째 뇌로 글쓰기

특정 분야의 메모들을 연결하여 만든 두 번째 뇌 메모를 활용하는 가장 좋은 방법은 한 편의 완성된 글을 쓰는 것입니다. 글을 쓴다는 것은 내가 배운 지식을 공유한다는 의미입니다. 두 번째 뇌에 아무리 좋은 지식과 정보가 있다하더라도 공유되지 않는다면 그 의미는 퇴색될 수밖에 없습니다. 자신이 만든 지식이 스스로 형편 없어 보이고 다른 사람의 주장이 더 논리적으로 보일 수도 있습니다. 하지만 나의 생각이나 지식이 누군가에겐 큰 도움이 될 수 있다는 사실을 기억해야 합니다. 내가 고민했던 문제를 똑같이 고민하고 있는 누군가에겐 내가 쓴 글이 그동안 찾아 헤매던 바로 그 해결책일 수도 있습니다. 내가 발견한 지식을 공유하는 것은 분명 세상을 더 이롭게 만들 수 있습니다.

6-3-1

두 번째 뇌를 활용하여 포스팅하기

두 번째 뇌를 활용하여 지식을 쉽게 공유할 수 있는 방법은 블로그나 SNS에 포스팅을 하는 것입니다. 블로그나 SNS는 접근성이 좋고 내가 하고 싶은 이야기와 주장을 가볍게 쓸 수 있다는 장점이 있습니다. 또한 지식에 대한 피드백도 받을 수 있기 때문에 스스로 한 단계 더 성장할 수 있는 계기가 될 수도 있습니다.

지식을 공유하는 것을 두려워하지 말고 나의 생각을 당당하게 공유해 보세요.

두 번째 뇌 메모를 활용하여 블로그나 SNS에 포스팅을 하는 방법은 다음과 같습니다.

- 먼저 두 번째 뇌 메모들을 살펴보면서 포스팅할 적당한 메모를 선택합니다.
- 선택한 두 번째 뇌 메모 속에 담긴 주장 메모의 SCQA를 참고하여 포스팅의 목차를 작성합니다.
- SCQA는 여러 메모가 요약되어 정리된 내용이기 때문에 흐름이 이상하거나 어색할 수 있으므로 글의 문맥이나 흐름에 맞게 수정하면서 초안을 작성합니다.
- 초안이 완료되면 처음부터 다시 읽어보면서 추가해야 할 생각이나 아이디어가 있는지 살펴 봅니다. 만약 있다면, 관련 메모를 검색하여 초안에 추가합니다.
- 최종 퇴고를 거쳐 블로그나 SNS에 포스팅합니다.
- 댓글을 통해 작성한 글에 대한 피드백을 받습니다. 피드백을 참고하여 부족한 점을 확인하고 보완합니다.

6-3-2

두 번째 뇌를 활용하여 출판하기

책을 쓰는 것은 상당한 노력과 시간이 필요한 일입니다. 때문에 책을 쓰려고 마음을 먹었어도 준비과정에서 지쳐서 포기하는 사람들이 많습니다. 이것은 집필 과정을 언제나 하향식으로 생각하기 때문에 발생하는 불행입니다. 하향식 사고 방식에서 벗어나지 못하면 어떤 주제로 글을 쓸까 정하는 데 한평생이 지나버릴 수도 있을 겁니다. 하지만 제텔카스텐 시스템으로 꾸준히 메모를 한다면 스스로도 의식하지 못한 사이에 자연스럽게 주제에 대한 생각, 자료, 근거 등이 마련되고 논리적으로 분류까지 된 상태로 집필을 시작할 수 있습니다.

『에고라는 적』, 『스토아 수업—철학은 어떻게 삶의 기술이 되는가』, 『스틸니스』 등 다수의 베스트셀러를 발표한 라이언 홀리데이(Ryan Holiday)는 메모를 활용한 자신의 집필 방법을 유튜브에 공개하였습니다. 라이언 홀리데이의 집필 과정을 보면 책을 쓰는 과정과 두 번째 뇌를 만드는 과정이 크게 다르지 않다는 것을 알 수 있습니다. 라이언 홀리데이의 집필 방식을 적용하여 두 번째 뇌로 책을 쓰는 방법은 다음과 같습니다.

- 책을 쓰기 전에 몇 개의 스토리나 챕터가 필요한지 먼저 생각해 봅니다. 한 권의 책을 쓰는 데는 대략 30개 이상의 스토리가 필요합니다.

- 스토리의 개수나 챕터를 결정했으면 목차를 만들어야 합니다. 책의 뼈대인 목차를 논리적으로 구성하려면 주장 메모의 SCQA 구조를 참고해야 합니다.

- 두 번째 뇌에 연결된 모든 메모(임시 메모, 문헌 메모, 영구보관용 메모, 키워드 메모, 의견 메모, 주장 메모)를 처음부터 살펴봅니다. 그리고 메모들을 주제별로 분류하여 챕터를 구상합니다.

- 챕터별로 사용할 주장 메모를 신중하게 선택합니다. 그리고 주장 메모에 있는 문헌 메모, 영구보관용 메모, 의견 메모를 활용하여 초안을 작성합니다. 이때 주의해야 할 점은 메모와 메모 사이에 어색한 연결을 문맥이나 흐름에 맞게 수정해야 한다는 겁니다.

- 초안이 완성이 되면 내용을 검토합니다. 내용을 검토할 때는 챕터별로 관련 있는 메모가 제대로 활용되었는지, 문맥이나 흐름이 이

상하지 않은지 확인해야 합니다. 그리고 초안에 대한 퇴고를 거쳐 책을 완성합니다.

책을 쓰는 것을 두려워 하지 말고 도전해 보세요. 제텔카스텐이 든든한 지원군이 되어 줄 겁니다.

한편 옵시디언의 **설정 > 주요 플러그인**에서 **출판**을 활성화하면 메인 화면 왼쪽 사이드바에 아래와 같은 새로운 아이콘이 생기고 온라인 출판을 지원하는 옵시디언의 유료 서비스로 연결되니 참고하시기 바랍니다.

글을 포스팅하거나 책을 출판했다고 모든 것이 마무리되는 것은 아닙니다. 독자들의 피드백을 받는 것도 중요하기 때문입니다. 피드백이 없다면 나의 주장은 길을 잃게 되거나 사람들의 관심 밖으로 사라질 수 있습니다. 나의 생각이 다른 사람들에게 어떤 영향을 미치고 있는지, 나의 의견에 반대되는 생각을 가지고 있는 사람들은 어떤 주장을 하는지 살펴볼 필요가 있습니다. 이런 피드백이 중요한 이유는 나의 생각을 더 발전시키고 나의 주장이 어떤 위치에 서 있는지 확인할 수 있기 때문입니다. 피드백을 성장할 수 있는 계기로 삼아야 합니다.

6-4

집단지성 만들기

　　세상에는 비슷한 문제를 가지고 고민하는 사람들이 많습니다. 누군가에 겐 쉽게 답을 찾을 수 있는 문제가 누군가에겐 몇 년이 걸려도 해결되지 않는 경 우도 있습니다. 이럴 때, 한 가지 문제에 대해 다수의 사람들이 정보와 지식을 교 환하며 만들어 내는 집단지성이 필요합니다. 아무리 어렵고 해결하기 힘든 문제라 도 집단지성을 통해 정보와 생각을 교환하면 새로운 길이 열리기 마련입니다. 특 히 디지털 환경과 기기들이 보편화된 현대사회에서는 순식간에 수많은 사람들이 참여하여 빠르게 정보를 교환할 수 있기 때문에 예전에 비해 집단지성의 힘은 놀 라울 만큼 더 강해졌습니다 .

　　제텔카스텐 방식으로 두 번째 뇌 메모까지 만들면서 당신은 오랫동안 어 떤 문제를 정의하고, 갈등 요인을 확인하고, 핵심적인 질문을 하고, 해결방안을 고 민하고, 생각을 발전시켰을 겁니다. 즉, 그 문제가 발생하는 근본적인 이유와 해결 점을 찾을 수 있는 능력이 충분히 쌓였다는 의미입니다. 그토록 오랜 시간 메모 를 하면서 만들어 낸 두 번째 뇌는 무엇을 위한 것이었나요? 단순히 개인의 취미 나 자랑은 아니였을 것입니다. 어떤 문제와 현안을 해결하고자 하는 의지가 있었 을 것입니다. 집단지성은 나눔의 행위일 뿐만 아니라 다른 사람의 생각과 시각을 나의 두 번째 뇌에 이식하여 생각을 확장할 수 있는 기회의 장이기도 합니다. 나 의 좁았던 시야를 넓히고, 나와 반대 입장에 있는 사람의 의견과 생각을 청취하면 서 나의 입장을 다시 정리할 수도 있습니다.

6-4-1

커뮤니티 활용하기

집단지성을 구축하기 위해, 공통의 관심사를 가지고 있는 커뮤니티를 찾아 보세요. 만약 그런 커뮤니티가 없다면 스스로 새로운 커뮤니티를 만들어 보세요. 커뮤니티를 통해 평소에 고민하고 있던 주제를 공유하고 함께 해결책을 찾다 보면 집단지성이 얼마나 중요한지 실감할 수 있습니다. 사소한 문제도 좋고, 복잡하고 어려운 사회 문제라도 상관 없습니다. 집단지성을 만들어가는 여정에 동참할 사람이 있다면 당신의 두 번째 뇌는 더욱 풍성해지고, 집단지성은 더욱 강력해질 것입니다.

니클라스 루만 교수가 연구하던 시대와 비교한다면 현대인들을 거의 마법사와 다름 없는 능력을 지니게 되었습니다. 무엇보다도 우리는 디지털 환경과 IT기기의 발전으로 지역에 상관 없이 집단지성을 구축할 수 있게 되었습니다. 한 장소에 모여서 회의를 하고 토론을 했던 과거와는 다르게 언제 어디서나 온라인으로 생각을 나누고 전달할 수 있게 된 것입니다. 또한 옵시디언, 노션, 롬 리서치 등의 네트워크형 메모 앱이 개발되면서 공유된 정보와 지식을 연결하고 새로운 지식을 만들어내는 것 또한 훨씬 수월해졌습니다. 집단지성을 구축할 수 있는 비옥한 토양이 마련된 것입니다.

특정 주제에 관심을 가지고 있는 사람들이 각자의 문헌 메모, 영구보관용 메모를 공유하고 공동으로 의견 메모, 주장 메모를 만들다 보면 다양한 시각이 열리면서 어떤 문제에 대한 더 나은 해결책이 제시되기 마련입니다. 지식과 정보는 더 이상 특정 계층, 직업의 소유물이 아닙니다. 누구나 취득할 수 있고 활용할 수 있는 시대가 되었습니다. 집단지성으로 우리는 공동체, 지역사회, 사회 전반을 건강하게 만들 수 있습니다. 그리고 이 모든 과정에서 내가 작성한 한 장의 메모가 내일의 역사를 바꿀 수도 있습니다.

살아가며, 메모를 멈추지 마시길!

Q1 모든 메모를 제텔카스텐 방식으로 기록해야 하나요?

A 그렇지 않습니다. 제텔카스텐은 지식을 정리하고 보관하기 위한 메모법입니다. 일상에 관한 내용이나 문득 떠오르는 아이디어들을 자유롭게 메모하되, 그중에서 중요한 정보를 담고 있는 메모를 선별하여 영구보관용 메모로 발전시키면 됩니다.

Q2 1,000개의 메모를 모은 뒤에는 어떻게 활용할 수 있을까요?

A 메모를 작성하면서 기록해 둔 키워드가 메모 활용의 중요한 발판 역할을 합니다. 어떤 궁금증이 찾아왔을 때, 일단 메모들의 키워드를 살펴보면서 필요한 메모를 찾아 보세요. 키워드만 잘 만들었다면 메모의 활용은 훨씬 쉬워집니다.

Q3 옵시디언이 제텔카스텐을 하는 데 가장 좋은 메모 앱인가요?

A 그렇지 않습니다. 노션, 롬 리서치, 그 외의 앱들로도 제텔카스텐 시스템을 구축할 수 있습니다. 각 앱이 가지고 있는 특징이 다 다르기 때문에 여러 가지 앱들을 한 번씩 경험해 보고 자신에게 맞는 앱을 찾는 것을 추천합니다.

Q4 강연이나 수업을 들을 때, 어떻게 제텔카스텐 방식으로 메모를 할 수 있을까요?

A 제텔카스텐 방식으로 메모를 하는 것은 상당한 집중력과 시간이 소요되기에 강연이나 수업 중에 제텔카스텐 방식으로 메모하는 것은 쉽지 않습니다. 일단, 평소처럼 수업의 내용을 필기하세요. 그리고 나중에 노트를 살펴보면서 제텔카스텐 방식으로 메모할 내용을 추려보세요. 이 과정을 통해 강연이나 수업을 리뷰할 수도 있고 영구보관용 메모도 만들 수 있습니다.

Q5 제텔카스텐으로 개인 위키를 만들고 싶습니다. 개인 위키의 주제를 먼저 선정하고 메모를 모아도 될까요?

A 제텔카스텐은 상향식 구조로 메모를 모아서 지식을 정리합니다. 주제를 먼저 선정하고 메모를 모으는 방식은 맞지 않습니다. 메모를 작성하다 보면 특정 주제에 대한 지식이 쌓이게 됩니다. 그런 지식들을 모아서 개인 위키의 주제로 선정하시면 됩니다.

Q6 정기적으로 꾸준하게 시간을 내기가 힘든데요, 꼭 1년안에 1,000개의 메모를 작성해야 하나요?

A 그렇지 않습니다. 이 책에서 1,000개의 메모를 작성하기 위한 기간으로 1년을 설정한 것은 하나의 예시일 뿐입니다. 2년, 또는 3년을 목표로 해도 됩니다. 다만 1,000개의 메모를 만들기 전에 포기해서는 안 됩니다. 중간에 그만 두면 그동안의 노력이 모두 사라질 수도 있기 때문입니다.

Q7 두 번째 뇌 메모까지 작성해서 나만의 지식을 만들었습니다. 두 번째 뇌에 있는 지식을 꼭 공유해야 하나요?

A 공유되지 않는 지식은 사라질 뿐입니다. 그동안 메모를 하면서 발전시킨 나만의 지식이 누군가 절실히 찾아 헤매던 해답일 수도 있습니다. 이 세상을 더 이롭게 만들 수 있는 지식의 공유를 망설이지 마세요.

Q8 제텔카스텐으로 메모하는 방법은 알 것 같은데요, 막상 메모를 하려고 하면 아무 생각이 안 나요? 어떻게 해야 할까요?

A 제텔카스텐 방식으로 메모하는 것이 아직 익숙하지 않아서 그렇습니다. 커뮤니티나 다른 사람들이 메모한 내용을 살펴 보면서 따라해 보는 것도 방법입니다. 이 과정을 통해 제텔카스텐 메모법에 친숙해지면 어느새 당신 곁에 1,000개의 영구보관용 메모가 쌓이게 될 겁니다.

Q9 제텔카스텐으로 메모할 때 요구되는 능력이 있나요?

A 논리적으로 분석할 수 있는 비판적 사고가 필요합니다. 어떤 텍스트를 읽고도 아무런 생각이 들지 않는다면 곤란합니다. 자신의 생각을 발전시키는 것이 곧 메모를 발전시키는 방법입니다. 혹시 비판적인 사고가 부족하더라도 제텔카스텐 방식으로 메모를 하다 보면 점차 비판적인 사고가 향상되는 걸 느끼실 수 있을 겁니다.

Q10 중고등학생들도 제텔카스텐을 활용할 수 있을까요?

A 충분히 가능합니다. 틈틈이 제텔카스텐 방식으로 메모를 하면 지식도 쌓이게 되고, 자신의 생각을 분명하게 전달할 수 있는 능력도 향상됩니다. 또한 한번 보관된 메모는 평생 남기 때문에 앞으로 대학, 직장 생활에서도 유용하게 사용할 수 있습니다. 메모 상자로 남들보다 한 걸음 더 빨리 나아갈 수 있는 기회를 만들어 보세요.

저자 강의 및 템플릿 제공 안내

제텔카스텐 연구소는 일상생활, 업무, 논문, 연구 등에서 제텔카스텐을 활용할 수 있는 다양한 방법과 노하우를 공유하고 있습니다.

원데이 클래스는 제텔카스텐의 기본 개념과 네트워크형 메모 앱 사용법을 배우고 임시 메모, 문헌 메모, 영구보관용 메모를 직접 작성해 보는, **초급자**들을 위한 프로그램입니다.

100개 메모 만들기는 한 달 동안 선정한 책을 읽으면서 하루에 3~4개의 메모를 작성하여 100개의 메모를 만들고 월말에는 메모들을 연결하여 의견 메모를 만드는, **중급자**들을 위한 프로그램입니다.

집단지성 프로그램은 한 분야의 의견 메모를 발전시켜 주장 메모를 만들고 다른 사람들과 토론 및 논의를 통해 공동으로 두 번째 뇌를 만들어가는 프로그램입니다. 이 프로그램을 통해 한 분야의 테두리를 뛰어넘는 창의적인 지식체계를 구축해 나갈 수 있습니다. 일정 자격을 갖춘 **상급자**들을 위한 프로그램입니다.

교육 프로그램에 대한 더 자세한 안내 및 본서에서 소개된 **옵시디언 템플릿** 제공 방법은 **www.zklab.kr**에서 확인할 수 있습니다.

제텔카스텐 연구소
www.zklab.kr